Encontro de Mulheres

Uma experiência criativa no meio da vida

ELIANE MICHELINI MARRACCINI

Encontro de Mulheres

Uma experiência criativa no meio da vida

© 2001, 2013 Casapsi Livraria e Editora Ltda.
É proibida a reprodução total ou parcial desta publicação, para qualquer finalidade, sem autorização por escrito dos editores.

1ª Edição	*2001*
2ª Edição	*2002*
1ª Reimpressão	*2013*
Editor	*Ingo Bernd Güntert*
Coordenador Editorial	*Fabio Alves Melo*
Revisão	*Adriane Schirmer*
Adaptação Ortográfica	*Marília Tavares*
Diagramação	*Everton Alexandre Cabral*
Capa	*Moema Cavalcanti (Sobre foto de Luciana Napchan)*

Dados Internacionais de Catalogação na Publicação (CIP)
Angélica Ilacqua CRB-8/7057

Marraccini, Eliane Michelini
    Encontro de mulheres: uma experiência criativa no meio da vida / Eliane Michelini Marraccini. - São Paulo : Casa do Psicólogo, 2013.

1ª reimpr. da 2ª edição
ISBN 978-85-7396-156-0

1. Encontro de mulheres 2. Mulheres – saúde 3. Mulheres - psicanálise 4. Mulheres - diferenças I. Título

13-0156   CDD 370.157

Índices para catálogo sistemático:
1. Grupos – encontro de mulheres

Impresso no Brasil
Printed in Brazil

As opiniões expressas neste livro, bem como seu conteúdo, são de responsabilidade de seus autores, não necessariamente correspondendo ao ponto de vista da editora.

Reservados todos os direitos de publicação em língua portuguesa à

Casapsi Livraria e Editora Ltda.
Rua Simão Álvares, 1020
Pinheiros • CEP 05417-020
São Paulo/SP - Brasil
Tel. Fax: (11) 3034-3600
www.casadopsicologo.com.br

Ao Paulo, por toda a importância e significado que tem em minha vida.

A toda mulher que sabe que não há idade para descobrir a si mesma e viver novas experiências.

AGRADECIMENTOS

Foram muitos os que incentivaram e, de algum modo, contribuíram para que minha experiência com *Grupos de Encontro de Mulheres* se transformasse neste livro. A todos, meu afeto e profunda gratidão.

Destaco a satisfação em conferir o orgulho de meus pais Cecília e José Michelini por esta minha realização.

Agradeço especialmente as orientações da Prof. Dra. Maria Helena Pereira Franco, o apoio do Prof. Dr. José Mendes Aldrighi, a dedicação da Dra. Maria do Carmo Dias Batista e a colaboração da Dra. Léa Lederer Diamant e Dra Tânia das Graças Mauadie Santana.

Sou muito grata às contribuições de May Parreira e Newton Sodré para o texto final, às sugestões preciosas de minha irmã Marly Goulart, à colaboração oportuna de minha amiga Walkiria Helena Grant e ao carinho de Suely Esteves de Carvalho com a digitação.

Têm sido muitas as mulheres que tenho conhecido nos *Grupos de Encontro de Mulheres*. Agradeço a todas a confiança, especialmente àquelas que concordaram em contribuir com suas histórias, tornando este livro possível.

Prefácio

Para uma mulher, encontrar-se no momento entendido como o meio da vida pode ser uma experiência devastadora ou uma inegável possibilidade. Entre estes extremos, estão variadas maneiras de viver essa experiência na maturidade. Uma revisão profissional, emocional, familiar. Um balanço de vida, com saldo nebuloso, indicando a dificuldade em avaliar uma experiência quando nos encontramos no meio dela, sem a distância histórica que permita a crítica.

Neste trabalho, Eliane decidiu-se por resgatar a vivência da possibilidade e ampliou o conceito de promoção da saúde. É promoção porque identifica os aspectos saudáveis da mulher e os apresenta a ela, para que sejam localizados e potencializados na ação. E é saúde porque abrange o momento em sua amplitude comportamental, seja ela física, psicológica, espiritual, social.

As protagonistas desta história (assim também pode ser chamado este trabalho, que não existiu apenas por um interesse acadêmico da autora) têm, cada uma, sua vivência do que é ser mulher, dos diferentes caminhos pelos quais a vida as levou, impasses e dilemas. Suas histórias foram vividas, algumas vezes, na crueza da realidade, outras, na amorosidade do cotidiano. Junto com Rosa, Nair, Matilda, Clara e as demais personagens desta rica interlocução, vemos contadas vidas que não se encerram ao término do *Grupo de Encontro de Mulheres*, mas que deixam já sua lição. Para quem quiser aprender.

A beleza do trabalho de Eliane Michelini Marraccini está na simplicidade com que contemplou o tema, sem deixar de lado a profundidade. Tive o privilégio de acompanhá-la, artífice cuidadosa que ela foi, ao longo desse percurso. Digo que foi um privilégio, porque raras vezes vi uma combinação tão harmoniosa da postura clínica com a posição inquisidora da pesquisadora. É louvável a atenção que dedicou a cada uma das mulheres que concordou em dividir, com ela e o grupo, suas vicissitudes. O mesmo pode ser dito do cuidado e da coragem que dedicou ao fundamentar na teoria seus achados de pesquisa ou, até mesmo, suas dúvidas, fossem elas teóricas ou metodológicas.

Fica para o leitor quase que um diário, que pode ser compartilhado por outras mulheres que vivem experiência semelhante. Chamei de diário, porque revela a intimidade que reservamos para nossos mais leais confidentes e também porque permite acompanhar a evolução de um crescimento, de uma abertura de possibilidades que dificilmente são obtidas em uma vida. Acompanhando os capítulos deste livro, vemos a busca de nexo entre as partes que o compõem, de maneira que o encadeamento dos temas atende à necessidade de entendimento e de clareza. A autora fala sobre questões culturais, médicas, psicológicas, relacionais, de maneira a equalizar a importância de cada uma, sem banalizá-las ou distorcer o significado.

Com este trabalho, Eliane Michelini Marraccini oferece uma importante contribuição no campo da Psicologia. Abre-se a possibilidade de trabalhar terapêutica e profilaticamente, além do *setting* tradicionalmente identificado como psicoterapêutico, abordando uma questão contemporânea que dificilmente se tornará ultrapassada. Esta é uma outra contribuição do trabalho de Eliane, por permitir que se pratique uma boa atuação psicológica, buscando condições que melhor respondam às necessidades dos indivíduos.

Desejo a todos uma boa leitura, e à autora, o fôlego para continuar contribuindo com sua sensibilidade e saber para a atenção às mulheres em um momento crucial da existência, mas não só a elas. Certamente, profissionais das áreas de Saúde e Educação também irão se beneficiar grandemente com esta leitura.

Dra. Maria Helena Pereira Franco
Psicóloga e Psicoterapeuta;
Doutora em Psicologia Clínica pela PUC/SP;
Professora Titular da PUC/SP na Graduação em
Psicologia e Pós-Graduação em Psicologia Clínica

Sumário

Agradecimentos 7

Prefácio 9

Introdução: Procurando por você 13

Capítulo 1
O Primeiro Encontro

Com Rosa 22
Com Nair 24
Com Vera 26
Com Margarida 28
Com Lúcia 30
Com Inês 33
Com Cristina 35
Com Clara 37
Com Ana Maria 39
Com Matilda 41

Capítulo 2
Falando entre nós

Saúde do corpo e da mente 49
Conferindo o próprio envelhecimento 54
Declínio de nossos pais, queda de nossos heróis 57

Filhos: onde estão os que embalamos? 60
O parceiro: encontros e desencontros 64
O sexo vai continuar um sucesso? 69
Na profissão, gerando e criando 73
Amizades: diferenças entre só e acompanhada 78
Lazer: porque não se vive só de obrigações 82

Capítulo 3
Quem são e do que necessitam essas mulheres?

Processo e consolidação da experiência 89
Verificando efeitos e ressonâncias 97

Capítulo 4
Ampliando e aprofundando

Algo sobre climatério e menopausa 106
O olhar da Psicanálise sobre a crise da maturidade 110
Integrando perspectivas para compreensão da mulher madura 114
Reconhecendo-nos e diferenciando-nos em grupo 117
Grupo de Encontro de Mulheres: balizadores
da experiência 120

PALAVRAS FINAIS, MAS NEM TANTO 125

BIBLIOGRAFIA 129

Introdução: Procurando por você

Chegar aos quarenta anos e perceber o que acontecia comigo levou-me a buscar respostas para perguntas que não cessavam de surgir e me inquietar. Com surpresa e curiosidade, recebia em meu consultório mulheres com questões parecidas com as minhas e queixas que diziam ser da menopausa, mas que eu considerava mais amplas. Para encontrar essas respostas, aprofundei-me em leituras e pesquisas. Meu interesse voltou-se, então, para as mulheres que não chegavam ao consultório; assim, comecei a dar palestras em clubes e associações femininas, enfocando a situação da mulher e suas transformações a partir dos 40 anos. Procurava, principalmente, me sintonizar com as necessidades e os desejos dessa atenta plateia.

Das palestras, veio a certeza de que era preciso constituir um espaço para a escuta compreensiva das mulheres maduras, no qual pudessem refletir e trocar experiências, elaborando suas angústias e vivências pessoais. Assim surgiram os primeiros *Grupos de Encontro de Mulheres* em meu consultório. Empregando minha prática como psicanalista para coordenar os grupos, buscava auxiliar as participantes em suas dificuldades físicas, psicológicas e sociais.

Ao verificar os importantes efeitos do trabalho, aumentou meu interesse em conhecer como as mulheres maduras vivenciam, hoje em dia, as mudanças que ocorrem, como se reconhecem a si próprias e como se relacionam com o meio circundante. Por isso, dei início ao meu mestrado em Psicologia Clínica, pela PUC/SP, concluído em 1999, com o título: "Mulher: significados no meio da vida".

O universo feminino – neste período de transição do ciclo vital – passa por mudanças, algumas suficientemente complexas e sobre muitas das quais pouco sabemos de onde vêm nem por que estão ali. As vivências pessoais e os significados a elas associados certificam que o desequilíbrio hormonal, natural no climatério[1] e na menopausa, interage estreitamente com alterações psicológicas e sociais específicas desse período – mas que em cada uma de nós toma uma forma de expressão.

Atribuir tudo ao climatério e à menopausa é tentação frequente à qual, às vezes, cedemos, talvez para que mais não nos seja exigido neste período de sobrecarga, quando as muitas mudanças que nos dizem respeito transformam nosso corpo, remexem nossas ideias e jogam para os ares as certezas sobre relacionamentos. Acabou o tempo dos ensaios. Cresce a consciência de que a vida é, e cada vez mais será, para valer.

Nesse processo, acentuam-se os sintomas físicos e tornam-se mais vulneráveis alguns órgãos. O envelhecimento deixa marcas no corpo e no rosto, tira o viço e abate a sensação de bem-estar. Para algumas mulheres, a maturidade coloca questões que podem se tornar obstáculos ao relacionamento amoroso e sexual; o crescimento e a independência dos filhos pode ser momento de muita angústia para muitas mães. A escolha profissional pode ser questionada e o desejo de rever essa situação gera angústia, assim como a retomada ou o início de uma nova atividade, ou mesmo a chegada da aposentadoria. A rotina doméstica pode minar as horas de lazer e afastar os amigos. A preocupação com a saúde e o bem-estar dos pais e familiares idosos exige muito emocionalmente, e tudo isso se acentua com a perda e a morte destes que são importantes raízes. E essas são apenas algumas das possibilidades.

O balanço de vida, nesta fase, leva a mulher a avaliar e rever em profundidade as realizações e o sentido da própria existência – o que é essencial para que haja renovação criativa e surjam novas oportunidades de crescimento pessoal. Em alguns setores há a possibilidade de volta; em outros é possível rever e corrigir rumos. Todo esse processo gera inquietude, pois se quer inaugurar logo novos caminhos, uma vez presente a certeza de que a vida não espera.

O objetivo deste livro é juntar-nos, você e eu, nos caminhos e na busca de soluções a essa fase de transição, da qual se fala pouco e que foi tão pouco estudada. Com isso, poderemos alinhavar percepções

---

1. As definições de climatério e menopausa estão na página 107.

com a informação disponível, e arrematando com o que podemos compreender sobre o sujeito tão pessoal e único que existe em cada uma de nós. Falarmos umas com as outras e nos sentirmos menos solitárias, sem dispensar a dose de humor necessária sobre tudo o que nos diz respeito, neste momento em que o envelhecimento dá sinal de existência em nós. É notável a sabedoria e a agudeza crítica das mulheres maduras que se permitem ironizar e rir de si mesmas.

Na pesquisa que realizei para o mestrado, desenvolvi dois *Grupos de Encontro de Mulheres*, reunindo ao todo 20 participantes; é sobre o desenrolar dessa experiência, basicamente, que trato neste livro. Dadas a limitação de espaço e as adaptações feitas, figuram aqui o atendimento feito a apenas dez mulheres. De forma alguma, essa escolha é indicativa da maior importância dessas em relação às demais. Na verdade, trechos de depoimentos de outras participantes foram utilizados e inseridos no livro.

Batizei esta experiência de *Grupo de Encontro de Mulheres*, às vezes referido aqui como GEM, por ter em vista, mais que tudo, um encontro especial consigo mesma e com outras iguais. As semelhanças e diferenças podem ser, para cada identidade única, o ponto de contato que leva para o intercâmbio e, portanto, para a mútua transformação.

O que pretendo com esta obra é transmitir a pulsação desses encontros, nos quais a fala de uma mulher desperta associações e sentimentos nas demais. Por vezes, parece tratar-se de monólogos, pois, mesmo em grupo, as participantes conversam consigo mesmas, as falas de cada uma ecoando em todas as outras.

Cada uma vai ao encontro do próprio desejo, auxiliada pelos significados que dão sentido à existência, num dado momento, para resgatar algo permanente em si, mas que clama por mudanças, diante de novas demandas pessoais. Tomar o destino nas próprias mãos, tecer oportunidades, abandonar o caos inicial: tudo isso para gerar criativamente alternativas e efetivar sua potência como pessoa inteira e integrada.

Este livro – mais uma etapa do meu trabalho com mulheres maduras – está disposto em capítulos e itens que podem ser lidos separadamente, de acordo com o interesse ou a necessidade de cada leitor.

No Capítulo 1, estão sintetizadas as entrevistas iniciais com participantes do grupo, nas quais expressavam o motivo que as trazia e como se encontravam física e psicologicamente, assim como a condição de seu relacionamento familiar, social e as atividades que desenvolviam.

No Capítulo 2 as discussões grupais foram reunidas por tema com uma síntese dos diálogos estabelecidos entre as participantes, uma forma viva de transmitir o que se passa num *Grupo de Encontro de Mulheres*.

O Capítulo 3 resume o que se passou na entrevista final individual após os encontros grupais. Além de relatar o modo como cada participante vivenciou a experiência, traz minha síntese da compreensão sobre o processo vivido por elas, analisando a dinâmica psicológica e reproduzindo as orientações dadas. Foram ainda reunidos neste capítulo, os efeitos e as ressonâncias da experiência no desenvolvimento posterior de cada uma das mulheres.

O Capítulo 4 traz uma síntese de contribuições teóricas e entrevistas feitas com outros profissionais, procurando atender às expectativas de aprofundamento de conhecimento por parte dos leitores, dos estudantes de áreas afins e dos profissionais de saúde que prestam assistência a pacientes nesta faixa de idade. Tudo escrito de maneira clara e simples, para que, ao mesmo tempo em que sacia a curiosidade, passe conhecimentos úteis e interessantes. Ao final, registram-se mais algumas palavras sobre a vivência e a experiência criativa das mulheres que atingem essa fase da vida e sobre as que têm acesso a *Grupos de Encontro de Mulheres*. As referências bibliográficas mostram o suporte que respalda este trabalho.

O livro não trata da crise vivida pelos homens na mesma faixa etária, mas pode ser lido por eles, como uma forma de conhecerem melhor suas parceiras. Seria muito bom que se sensibilizassem e percorressem o mesmo caminho, abrindo-se à reflexão, à discussão e à troca de experiências com outros homens. Só teriam a lucrar com isto. Embora tenha sido escrito especialmente para as mulheres, esse pode ser um feliz encontro também para os homens.

Aos profissionais de saúde, a obra poderá ajudar a identificar problemas e contribuir para o diagnóstico diferencial de queixas e sintomas; mas, acima de tudo, revelará algo sobre a subjetividade das mulheres nessa faixa de idade. Aquelas aqui retratadas são reais e, portanto, vulneráveis a múltiplas influências. São únicas, apesar de muita coisa delas calar fundo e espelhar vivências pessoais do próprio leitor.

Gostaria de agradecer, assim, a todas as mulheres que se dispuseram a participar da pesquisa que realizei, especialmente àquelas que concordaram com a publicação de suas histórias. Todas se mostraram muito felizes em poder contribuir para esse resultado final.

Que cada mulher possa se sentir acolhida e acompanhada ao ler sobre a experiência tão particular de *Grupo de Encontro de Mulheres*. Que possa se sentir na própria pele como talvez nunca antes tenha se sentido, e ter a satisfação pessoal do enfrentamento das mudanças, do tolerar a perda de ilusões e do fazer face ao despreparo da sociedade para integrá-la e valorizá-la.

Ao final, que fique a sensação que se deu uma experiência de descoberta e renovação criativa dos próprios recursos, os quais podem e devem ser lapidados sempre, todos os dias de nossas vidas.

Eliane Michelini Marraccini

Capítulo 1

O Primeiro Encontro

As mulheres que se inscreveram para fazer parte do grupo reunido na Clínica Psicológica da PUC/SP atenderam a um tipo de anúncio que destacava não apenas os transtornos físicos, mas também a crise pessoal, os problemas e as alterações da grande maioria de mulheres na faixa etária dos 40 aos 55 anos. As interessadas, em geral, tinham escolaridade secundária ou universitária e nível socioeconômico médio. O que segue neste capítulo é uma amostra do que ocorreu no primeiro contato com as mulheres participantes. Sendo impossível expor na íntegra a experiência em um *Grupo de Encontro de Mulheres*, o livro traz apenas uma fração dessa vivência, através da transcrição de entrevistas individuais e da síntese dos encontros grupais. Ao final, há uma exposição completa de como se processam diversos aspectos do atendimento clínico, com detalhes e diretrizes técnicas (as informações completas sobre essas etapas do atendimento são dadas na página 121).[2]

As mulheres inscritas, mas que não pertenciam à faixa etária previamente estabelecida como critério de participação, foram, também, entrevistadas, eventualmente incorporadas ou então encaminhadas, uma vez que vieram em busca de alguma ajuda, e isto não podia ser ignorado. Com todas, foram pesquisadas queixas e preocupações nas seguintes áreas: saúde, estética, sexualidade, relacionamento amoroso/conjugal, relacionamento com filhos, relacionamento com pais, profissão, vida social e lazer.

---

2. Dentre os aspectos tratados, estão: a divulgação, a entrevista inicial das interessadas, os critérios para a formação do grupo, a frequência e duração dos encontros, os objetivos específicos deste tipo de atendimento psicológico e a entrevista individual para conclusão do trabalho. No caso específico do grupo acompanhado para a elaboração deste livro, houve – dois meses após o encerramento dos encontros grupais – um reencontro para o acompanhamento das participantes.

Para apresentar cada participante, reproduzo trechos dos diálogos, para que se conheçam vivamente estas mulheres, transformadas em personagens neste livro. Os nomes[3] são fictícios, para preservar suas identidades. O que se segue é uma síntese da entrevista inicial feita com cada uma delas.

Com Rosa

50 anos, formada em História, bancária aposentada, casada há 25 anos. Tem filhas de 20 e 17 anos; os pais são bastante idosos (mãe com 79 anos e pai com 98). Participou de grupos de autoajuda no exterior.

Quando a vi pela primeira vez, notei o semblante entristecido e sem vida, parecendo mais velha do que seus 50 anos. Rosa pedia ajuda, mas se sentia muito mal com sua vulnerabilidade. Entrou tímida; conversamos sobre amenidades, até ela se sentir mais à vontade para começar a falar de si. Aos poucos, fui percebendo quanto estava angustiada e como temia perder o controle.

– Rosa, o que a trouxe aqui?

– O que me interessou na proposta do GEM foi poder falar de assuntos comuns, mas dos quais ninguém trata; quero tentar me conhecer melhor e responder algumas perguntas minhas, saber se outras passam pelas mesmas situações.

– Sua saúde, como está?

– Fiz a retirada do útero e dos ovários há cinco anos, mas depois da cirurgia, surgiram sintomas, como calores e mau humor, que se atenuaram com o início da Terapia de Reposição Hormonal.[4] Mesmo assim acontecem muitas coisas.

– Como está sua vida, no momento?

---

3. Os nomes utilizados neste livro são diferentes daqueles que foram criados na dissertação de mestrado. Para facilitar a identificação das participantes nos dois textos, dou a correspondência entre eles: Rosa (Áurea), Nair (Antônia), Vera (Bruna), Margarida (Branca), Lúcia (Bárbara), Inês (Berenice), Cristina (Berta), Clara (Brígida), Ana Maria (Ana) e Matilda (Betina).

4. A Terapia de Reposição Hormonal será algumas vezes referida apenas como TRH.

– Eu trabalhava em dois empregos, dava aulas em um ginásio estadual e no outro período trabalhava num banco. Eu me casei e tive as duas filhas nessa correria; foram 10 anos até largar a escola e ficar só com o banco. Depois de 22 anos no banco, meu marido recebeu uma proposta de transferência para fora do Brasil. Moramos no exterior durante quatro anos e lá participei de cursos de autovalorização. Foi muito bom.

– Agora, o que é que mais preocupa você?

– Tenho os pais idosos e doentes, e muito medo de perdê-los. Meu marido está aposentado, fica em casa o dia todo, é muito angustiante, fica controlando as filhas, tendo com elas atitudes semelhantes àquelas que meus pais tiveram comigo. Eu fico pasma, porque ele é de outra geração e não é diferente. Quando fomos morar no exterior, me vi obrigada a interromper a carreira. Um dos piores períodos da minha vida, principalmente os primeiros meses, porque tive de parar tudo, justamente quando tinha decidido investir mais na carreira, as crianças estando maiores. Eu me fechei, havia perdido meu mundo. Deixei meus pais idosos, que poderiam precisar de mim ou meu pai morrer a qualquer momento.

– Como é o relacionamento com suas filhas?

– É bom, mas ocupo muito tempo dando assistência a elas. No entanto, me preocupo menos do que meu marido com os compromissos e os namoros das meninas.

– E com seus pais?

– Não me perdoo quando sou intolerante e malcriada com eles; fico pensando e me culpo, e aquilo fica me cozinhando!

– E o trabalho, como é para você?

– Faz dois anos que retornei ao Brasil. Há anos não exerço atividade profissional alguma. Agora estou muito sozinha, mas sempre foram poucas as amigas. O maior convívio social foi quando estive fora do Brasil, e, por um período, convivi com brasileiros residentes lá fora.

– Você tem algum tipo de lazer?

– Lazer? Não gosto de sair, nem de viajar, sempre sou vencida pela preguiça. Estou desanimada e desestimulada, não chego nem perto do que queria para mim, isto é, morrer trabalhando.

Quando nos despedimos, senti que participar do GEM seria importante para ela, como alguém que necessitava, com urgência, criar um espaço para ventilar a intensa angústia que a abafava, impossibilitando-a de criar oportunidades para buscar maior satisfação, prazer e realização em sua vida pessoal.

Com Nair

59 anos, professora, não trabalha fora desde o casamento, há 35 anos. Tem um filho casado que está com 33 anos, uma filha com 27, e um filho com 26. A mãe tem 84 anos, o pai é falecido. Já fez psicoterapia e dinâmica de grupo; participou de grupo de reflexão.

Entra uma senhora vestida de forma quase caseira, cabelos grisalhos e com excesso de peso. Parece ter mais de 59 anos; uma dona de casa de outros tempos. Apesar da idade, dispus-me a entrevistá-la para verificar o que a afligia.

– Qual o seu interesse pelo grupo, Nair?

– O tema proposto é muito interessante, a mudança de vida com a idade, e eu penso muito nos problemas de saúde física, e mais ainda nos aspectos emocionais.

– Aspectos emocionais?

– É, ando deprimida, sem entusiasmo e disposição. Sinto falta de falar com outras pessoas. Já fiz grupos terapêuticos; estou acostumada a me abrir e conversar sobre os problemas.

– E em casa?

– Estou insegura, com medo. Meus filhos estão independentes e resolvem as próprias coisas. Eu estranho não ter mais de mostrar-lhes o caminho, e agora tenho medo de que esteja errada ou desatualizada, e possa prejudicá--los; então me retraí. Meu marido é mais racional, mas não se importa que eu participe de trabalhos em grupo. Eu aprendi nas minhas psicoterapias anteriores a lidar com a rigidez do meu marido; hoje em dia não insisto no que é inútil. Ele se aposentou há três anos, e está sofrendo demais com a redução de atividade e da condição financeira.

– Os filhos?

– Tenho uma filha que faz pós-graduação; eu converso bastante com ela. Com os outros dois, eu também me dou bem. O mais velho já é casado e o outro é solteiro. Eu ainda não sou avó.

– E a saúde, Nair?

– Tenho um pouco de artrose.[5] A menopausa ocorreu aos 48 anos; faço TRH e acompanhamento médico. Meus sintomas de instabilidade e ondas de calor melhoraram muito com a reposição hormonal. Tive várias crises de depressão ao longo da vida, uma após o nascimento do primeiro filho, outra mais séria após o nascimento do terceiro filho, e novamente com cerca de 39 anos, por me sentir sobrecarregada com os filhos. Sempre fui medicada nas crises, daí porque fiz psicoterapia antes e, durante alguns anos, fiz parte de grupos de vivência, nos quais desenvolvia atividades programadas.

– Como é o relacionamento com seus pais?

– Meu pai faleceu há cerca de 30 anos, e minha mãe sofre com arteriosclerose há 20 anos; hoje ela está com 85 anos.

---

5. "Artrose: Afecção não inflamatória, degenerativa, de uma articulação" (Ferreira, 1986).

— Você pode me falar sobre sua vida profissional?

— Fui professora primária, lecionei quando solteira. Depois do casamento nunca mais voltei a trabalhar fora. Acabei me envolvendo com a educação dos filhos, gostava de ter atividades para me comunicar, mas não senti falta de trabalhar fora de casa. Hoje em dia adoro cozinhar. Há alguns meses faço tapeçaria, e isso está me dando muito prazer.

— Você tem amigas?

— Antigamente tinha muitas amigas, mas com o tempo fui me retraindo.

— Você gosta de sair?

— Gostava de teatro, mas não frequento porque o dinheiro está pouco. Vamos eventualmente jantar fora, ou ao clube, em reuniões menores; não gosto dos grandes eventos.

Comunicativa e com boa articulação de ideias, Nair é espontânea e expressiva. Apesar desses episódios depressivos, e de isto indicar a necessidade de tratamentos específicos, de acompanhamento médico e psicoterapia, ela estava optando por fazer parte do grupo. Achei que, paralelamente aos outros atendimentos, essa experiência poderia ter um efeito terapêutico importante para ela, pois suas queixas e preocupações diziam respeito muito diretamente aos problemas enfrentados por diversas mulheres com idade semelhante, por isso a incluí no grupo.

Com Vera

47 anos, pedagoga, não trabalha fora há 11. Está casada há 12 anos com um homem cinco anos mais jovem. Tem um filho de 11 e uma filha de 8. O pai é falecido, e a mãe, com 80 anos, reside com ela. Fez psicoterapia, durante um breve período, na adolescência.

As inscrições já tinham terminado quando recebi o recado de Vera, insistindo em participar do grupo. Vira o anúncio, mas, quando se deu conta, o prazo de inscrição havia encerrado.

Comparece à entrevista uma mulher com aparência de mais de 40 anos, com longos cabelos e uma maneira jovem de se vestir que, em alguns detalhes, não acompanha sua idade. Com o rosto um pouco envelhecido, havia uma névoa depressiva no olhar, no sorriso e na expressão.

– O que foi que a interessou no grupo?

– Não sei por onde começar. Eu não faço nada... Estou precisando preencher um pouco o tempo. Parei de trabalhar depois do casamento; fiquei cuidando dos filhos.

– Você trabalhava em quê?

– Era pedagoga e trabalhei como orientadora educacional por vários anos, mas há anos virei dona de casa, o que eu odeio. Parece que a idade está me segurando, estou sentindo-a pesar. Meus objetivos se dispersaram em função da idade. Ao chegar perto dos 50, isso me apavora.

– Você tem problemas de saúde?

– Problemas, mesmo, não; fiz dosagem hormonal e não tenho sinais de menopausa, mas acho que deve haver alguma disfunção hormonal para tanta insatisfação que sinto. Até os 44, eu me achava bárbara, maravilhosa. Eu me olhava no espelho, não tinha idade. Agora, para me sentir bem esteticamente, eu dependo de meu estado emocional, apesar de meu marido me botar pra cima todos os dias.

– Como é o relacionamento com ele?

– É bom, mas fico frustrada com nosso limitado convívio social. Ele não precisa das pessoas, se basta. Não me sinto muito estimulada sexualmente, apesar do interesse dele. Acho que ele se arrepende de me ter feito sair do emprego. Não sei se seria mais feliz, separada. Sou muito ligada à vida familiar.

– Como é com seus filhos?

– Acho muito aberto, muito próximo. Curti demais quando eles eram pequenos, eles foram uma grande realização, mas agora eu queria mais é uma atividade profissional.

– E seus pais?

– Meu pai faleceu há dois anos, eu tinha pouco contato com ele, porque se separou de minha mãe quando eu tinha três anos de idade. Ele foi mais ou menos uma coisa esquecida na minha vida... A terapia da vida também nos ensina. Com minha mãe é assim: tenho pouca paciência e me encho com ela. Eu me assusto com seu envelhecimento. Eu a levei para morar comigo, por pura dependência afetiva. Essa coisa de doença me mata... morro de medo de morrer.

– Você tem amigos?

– Depois que nasceu meu primeiro filho, nós nos mudamos para o interior, durante quatro anos. Me desliguei dos antigos amigos. Meu marido não gosta de sair; agora me sinto a provinciana que começou tudo de novo. No interior, a vida era melhor, todo fim de semana tinha o que fazer. Sinto muita falta de ter mais lazer.

Vera é comunicativa, expansiva, tem uma linguagem solta, usa expressões espontâneas para falar de assuntos como sexo e tédio pela vida doméstica. Achei que suas preocupações e insatisfações, principalmente com relação ao envelhecimento e estética, assim como sua sensação de ter uma vida esvaziada de objetivos, eram questões importantes para serem tratadas no GEM.

Com Margarida

48 anos, estudou até o segundo grau, trabalha como autônoma desde a separação conjugal ocorrida há sete anos, após 23 de casamento. Uma filha de 24 anos e um filho de 21. Pais falecidos; a mãe faleceu logo após a sua separação. Nunca, antes, teve atendimento psicológico.

Sua aparência revela a origem estrangeira. Além dos óculos, os cabelos longos e sem corte amarrados em um rabo-de-cavalo, as roupas sem muito estilo, tudo a torna uma figura apagada. O investimento em sua aparência está completamente ausente.

– Qual é a sua expectativa em relação ao grupo?

– Quero melhorar e crescer pessoalmente, trocando experiências com outras pessoas. Ando muito deprimida, sem vontade de nada. Minha filha me estimulou a me inscrever para fazer o grupo.

– Você pode me falar um pouco de você, da sua vida?

– Há sete anos meu marido me deixou por uma mulher 15 anos mais jovem. Eu perdi tudo. Estou isolada em casa, sem convívio com amigos. O mundo desabou, nem sei por onde recomeçar.

– E a saúde, como está?

– Logo depois da separação, eu fiz a retirada do útero. Fiquei doente, cansada e deprimida. Tenho de fazer tratamento para osteoporose[6] e úlcera gástrica. Meu colesterol é alto. Estou em processo de menopausa, mas não quero tomar antidepressivos, apesar de o médico insistir. Recentemente operei o joelho. A única coisa que me incomoda na aparência é que engordei um pouco, mas tanto faz.

– Como foi seu relacionamento amoroso?

– Eu me casei com 18 anos, e fiquei casada 23 anos. Há sete anos me divorciei, e não pude avaliar as dificuldades que culminaram nesse final. Foi uma perda muito difícil, não consigo e nem quero mais pensar em outro envolvimento.

– E com os filhos?

– É muito bom, se fortaleceu muito depois da separação. Meus filhos são ótimos, conversamos sobre tudo. Minha

---

6. "Osteoporose: Doença óssea metabólica caracterizada por deterioração microarquitetural do tecido ósseo, com redução da massa óssea a níveis insuficientes para a função de sustentação, tendo como consequência elevado risco de fratura" (Fernandes, 1994).

filha não perdoa o pai. O filho trabalha com ele, mas há um distanciamento afetivo.

– Seus pais são vivos?

– Meu pai faleceu há 12 anos; minha mãe teve câncer na época que meu marido saiu de casa. Foi uma enorme carga emocional, mas me ocupei integralmente da minha mãe, e foi assim que pude suportar o momento da separação.

– E a profissão?

– No início do casamento, moramos três anos no exterior, e eu trabalhei um breve período lá. Só comecei mesmo a trabalhar sistematicamente depois da separação. Foram dois anos numa escola estrangeira para crianças; parei por cinco anos para cuidar de minha mãe, depois da sua morte abri um negócio de cestas comemorativas. Ganho pouco e a pensão que recebo é pequena, então minha vida é muito limitada.

– Amizades e diversões, vocês as têm?

– São poucas as minhas amizades, e lazer é quase nada. Às vezes visito minha irmã no interior ou ocasionalmente saio com os filhos e namorados. Raramente viajo para a casa de praia ou recebo amigas lá em casa. Leio bastante, mais jornais e revistas, não tenho concentração para livros.

Margarida, apesar da depressão, tem vontade de dar a volta por cima, mas não sabe por onde começar. Introvertida e dependente, ela espera que alguém a conduza, tal como o marido fazia durante o casamento e a filha faz agora, quando a estimulou a participar do grupo. Ela pedia ajuda, mas seu pedido precisava ser descoberto e ela necessitava ser impulsionada.

Com Lúcia

47 anos, socióloga e escritora, funcionária pública há pouco tempo. Casada há 25 anos. Duas filhas, uma de 15 e outra de 14 anos. O pai é falecido; a mãe tem 80 anos e é muito ativa. Começou a ter atendimento psicoterapêutico individual durante o grupo.

Mulher magra, com um ar depressivo que se revela na aparência geral, nos cabelos um tanto descuidados, nas olheiras que marcam o rosto entristecido. Uma ansiedade que, por vezes, transborda em pequenos suspiros impacientes.

– Fale-me um pouco de você, Lúcia.

– Estou trabalhando numa coisa que não me realiza. Há cerca de sete anos nossa condição financeira ficou muito restrita, e assim, depois de ter escrito e publicado alguns livros, precisei me empregar para completar o orçamento, e isso me deixou frustrada e ansiosa. No ambiente de trabalho, onde as pessoas são muito defendidas e te fritam se você bobear, eu só fico pior emocionalmente.

– Sua saúde anda boa?

– Fisicamente me sinto desgastada, estou emagrecendo por causa da hipoglicemia.[7] De dois anos para cá, foi o tempo de maior estresse que passei em minha vida, fiquei uma pessoa sempre tensa, essa coisa doendo, pensando em vinte alternativas de ganhar dinheiro. Já me receitaram antidepressivo, mas eu não quero tomar. Sinto que estou enfeando com a idade. Não sei se essas olheiras são por causa do mal-estar ou da idade. Eu sou um pouco mais adolescente por dentro do que o que eu vejo no espelho.

– Como é seu relacionamento amoroso?

– Está pra lá de morno, inclusive sexualmente. Piorou a partir das dificuldades financeiras, quando meu marido saiu do emprego para abrir empresa, aí veio um plano econômico do governo que tolheu esse projeto e determinou o fechamento da organização onde eu trabalhava. O relacionamento ficou tenso e as conversas mais superficiais, para não gerar conflito e cobrança. Meu marido

---

7. "Hipoglicemia: Taxa de glicose no sangue abaixo do normal" (Ferreira, 1986).

é mais calmo e otimista, o que me ajuda, mas também me impacienta. O relacionamento é hoje 30% do que sempre foi.

– E o relacionamento com as filhas?

– Eu parei de trabalhar por opção, quando as filhas nasceram. Curti demais a maternidade, voltei depois a trabalhar, em uma trajetória errática; cometi alguns erros e decidi parar para escrever. Há alguns anos, precisamos transferir as meninas para a escola pública; depois elas foram para uma particular mais barata. Me incomoda ter de restringir os gastos com minhas filhas, mas o relacionamento com elas é muito bom. Acho que elas são minha grande obra.

– E com seus pais?

– Meu pai já faleceu, minha mãe tem 80 anos e é um exemplo de saúde, vitalidade, dinamismo e bem viver. Eu me sinto envergonhada por estar mais desgastada e sem vida do que minha própria mãe.

– Fale um pouco mais sobre a sua profissão.

– Sou formada em Ciências Sociais. Iniciei, mas não conclui pós-graduação, trabalhei em diferentes atividades, mas gosto mesmo é de escrever, e lamento não poder dedicar-me integralmente a isto. Em meu emprego atual, sinto-me insatisfeita e emocionalmente sobrecarregada. Sou alguém que inicia projetos profissionais e com frequência não dá continuidade, fico desestimulada e parto para outro com igual destino.

– Como é sua diversão?

– Tenho um círculo grande de amigos e nos fins de semana acampamos com *trailer*. Adoro essa descontração entre família e amigos.

Lúcia mostrou-se bastante crítica em relação a si e às condições que a circundavam. Sofria bastante com as restrições que lhe eram impostas, principalmente quando atingiam sua criatividade e liberdade.

Necessitava repor as energias perdidas com o desgaste emocional e acreditava que o grupo iria auxiliar na busca de um caminho próprio.

Com Inês

> 55 anos, trabalhou como professora, mas há tempos não trabalha fora. Casada há 30 anos, tem dois filhos, um de 28 anos, casado, e um de 26. Os pais já faleceram. Apreciava a convivência em grupo, mas nunca havia tido atendimento psicológico.

Revela na aparência um estilo de vida convencional, mostrando--se antes de mais nada como mãe de família e dona de casa. Veste-se de maneira cuidadosa, mas como se pertencesse à geração anterior.

– Você pode me contar por que se interessou pelo GEM?

– Gostei da possibilidade de trocar ideias, com pessoas da minha idade, a respeito de problemas comuns e situações que nós vivemos. Tenho muito tempo ocioso e quero preenchê-lo, por isso me interesso por esse tipo de encontro. Sou muito impulsiva, e por causa disso briguei com meu filho e a mulher dele, e eles se afastaram. Me sinto responsável, mas não nego que a atitude inflexível foi da minha nora, ao se distanciar de mim.

– Sua saúde está boa?

– Há cerca de um ano e meio tive uma cirurgia de mama, para extirpação de tumor maligno. A radioterapia queimou metade do pulmão nas aplicações, passei muito mal. Até agosto fiquei em tratamento intensivo, e faço acompanhamento oncológico, que deve durar ainda alguns anos. Já me recuperei das sequelas no pulmão e das perturbações do movimento da perna esquerda que se associaram. Tive a menopausa aos 49 anos, e como sintoma tenho ondas de calor, mas não posso mais fazer TRH em função do câncer.

– Você se preocupa com a estética?

– Eu me sinto bem, eu gosto de mim, me aceito bem. Quando engordo um pouquinho, logo faço dieta.

– Como é o relacionamento com seu marido?

– Não tenho maiores problemas. Somos companheiros, mas independentes. Ele viaja para a praia e eu tenho liberdade de ficar em São Paulo, caso deseje. Saio muito mais sozinha ou com amigas. Meu marido me leva de automóvel, porque eu deixei de dirigir há 15 anos. Sexualmente, nós estamos mais afastados, mas eu não sinto falta.

– E com os filhos?

– Nós nos dávamos bem. Sou mais apegada ao filho mais novo, ainda solteiro. Nunca tive problemas com eles, mas o mais velho é mais agitado, insistente até conseguir o que quer, e chega a irritar os outros com esse jeito dele.

– E seus pais?

– Faleceram há cerca de 15 anos, com apenas um ano de intervalo. Minha mãe faleceu primeiro. Eu senti demais, pois éramos muito apegadas. Cuidei da rotina doméstica de meu pai e de sua doença, que se agravou muito rapidamente após a morte da mãe.

– Você trabalha ou trabalhou?

– Fui professora durante nove anos; deixei o trabalho quando precisei cuidar do meu pai viúvo. Os filhos ainda eram pequenos quando parei de trabalhar. Após o falecimento de meu pai, não retornei ao trabalho e me arrependi. Não tenho necessidade financeira, o que favoreceu não retornar ao trabalho. Mas o fato é que não sinto falta de uma profissão, me preencho com outras coisas.

– Quais coisas são essas?

– Possuo algumas amizades; elas têm uma vida mais recolhida e eu gosto de ter contato com outras pessoas, sair, passear, viajar. Sinto falta de um grupo para sair, passear mais, em parte por esse motivo me interessei pelo grupo.

– O que você faz para se distrair?

– Vou para a casa da praia, embora com menor frequência do que meu marido. Prefiro ficar em São Paulo, para ter contato com gente e movimento. Gosto de cursos como o de expressão corporal, mas não aprecio cursos de costura e culinária. Gosto muito de cinema e costumo ir sozinha; eventualmente vou a teatro e shows.

Inês é uma mulher cuja espontaneidade e autenticidade chamaram a minha atenção. Seu principal foco era a vida doméstica e em família, mas tinha necessidades que não eram ali satisfeitas, embora se considerasse razoavelmente feliz em seu papel de mãe de família e dona de casa. A grave doença enfrentada começava a apresentar ressonâncias emocionais; assim sendo, participar do GEM poderia ser bom para ela.

Com Cristina

46 anos, pedagoga; está há dois anos de aposentar-se como professora. Divorciada do primeiro casamento; casada pela segunda vez há quatro anos. Tem três filhos (um rapaz de 27 anos, casado; uma moça de 25 anos que reside fora de casa; e um rapaz de 21 anos) e um enteado de 18 anos que mora com eles. Seus pais são falecidos. Fez psicoterapia de grupo há 10 anos, por ocasião da separação conjugal.

Mulher miúda, com o tronco desenvolvido e alguma musculatura mais evidente. Parece ter a força de alguém que enfrenta as lutas da vida e está pronta, a qualquer momento, a defender a si e seu espaço.

– Como está sua vida, atualmente?

– Meu filho mais velho casou-se há um ano. Sinto muito sua falta. Ele representou meu maior apoio há 10 anos, quando me separei. Sempre tive uma ligação afetiva muito forte com esse filho, e fico assustada com a partida dos outros, apesar de estar casada novamente e ter minha profissão.

– Você trabalha com o quê?

– Eu terminei a faculdade depois de casada. Trabalho como professora desde antes da separação do primeiro marido. Eduquei os filhos, em boa parte, com meu próprio salário. Sou independente financeiramente, e estou para me aposentar daqui a dois anos. Tenho planos de mudar de atividade e me mudar para o litoral; meu marido acha ótima essa ideia e compartilha comigo.

– Como é o seu relacionamento com ele?

– Com ele é muito bom. Estou casada há quatro anos. Às vezes fico angustiada porque dependo muito dele, afetivamente. Nosso relacionamento sexual é muito gratificante.

– E com o primeiro marido, como foi?

– Eu me casei com 16 anos e fiquei casada por 20 anos, quando meu marido me abandonou por uma amiga. Foi muito dolorosa essa dupla traição, e fui fazer psicoterapia de grupo. Ele era muito dominador, exigente e agressivo, mas, apesar disso, me incentivou a estudar, me formar e trabalhar. Com ele o contato era muito tenso.

– Como você se relaciona com os filhos?

– Eu tenho uma ligação muito forte com o filho mais velho. Ele se casou e eu ainda me incomodo com sua ausência. Converso muito com minha filha de 25 anos, que está morando com uma amiga. O filho mais novo ocupa o lugar do "bebezão". Com todos eles, inclusive com meu enteado que mora conosco, meu relacionamento é bom.

– E o corpo?

– Estou muito descontente porque engordei, principalmente nos últimos dois anos. Morro de medo de ficar com a bruta barrigona que as mulheres da família sempre tiveram. Mas quando estou ansiosa, eu como. Fui operada para a retirada do útero há cinco anos e não faço TRH.

– Seus pais estão vivos?

– Não, eles faleceram logo depois da minha separação; foi muito doloroso. Eu era filha única, sempre senti falta de família, acho que é por isto que sofro a ausência do filho casado.

– Como é sua vida com os amigos?

– Eu sempre tenho um sentimento de inferioridade e rejeição, que por vezes me dificulta a adaptação em alguns grupos. Tenho poucos amigos, afastei-me porque mudei de casa depois do segundo casamento. Não tenho nenhuma confidente, também porque sou muito trancada. Viajo com meu marido nos feriados prolongados. Vamos ao cinema, ao *shopping*. Gosto muito de teclado, e uso também para preparar o coral e desenvolvimento musical das crianças na escola.

Cristina é uma mulher batalhadora e sofrida. Tem uma visão crítica sobre quase tudo e, às vezes, não pode tolerar aquilo com o que não concorda, fazendo questão de que seu interlocutor saiba de sua oposição. Participar do grupo poderia auxiliá-la a perceber onde estava mais sensível e vulnerável, dando-lhe espaço para deixar surgir o que se encobria sob sua aparência intrépida.

Com Clara

52 anos, formada em Pedagogia e Estudos Sociais, aposentou-se como professora há dois anos. Casada há 25 anos, tem uma filha de 18 anos. O pai é falecido e a mãe está com 78 anos.

Clara tem a aparência bastante envelhecida, a expressão é endurecida e revela uma certa tristeza. Parecia bastante desconfiada neste primeiro contato.

– O que a fez procurar o GEM?

– A oportunidade de encontrar pessoas da mesma idade, que talvez tenham os mesmos problemas, e trocar ideias. A convivência com pessoas é que está me faltando... Trabalhei 25 anos e aposentei-me. Sinto um vazio muito grande e estou um pouco deprimida.

– Como está a sua saúde?

– Tenho de me controlar com dieta para não engordar; há alguns anos consegui emagrecer 13 quilos e não quero voltar a engordar. Acho que a minha depressão é por causa da aposentadoria. Não tenho ânimo para atividades físicas, o que poderia me ajudar no controle do peso. Depois que me aposentei, tive pressão alta, começaram as falhas menstruais e estou medicada com TRH. Minha preocupação é não engordar os quilos que perdi.

– Você pode falar um pouco da relação com seu marido?

– No geral está bom, nos damos bem sexualmente, mas falta mais tempo para a gente se curtir, fazer algo juntos, porque ele trabalha demais. Ele tem jornada de trabalho dobrada para complementar o orçamento e está se preparando para ter alguma atividade quando se aposentar de um de seus dois empregos, daqui a um ano. Por vezes ele trabalha também nos finais de semana, fica cansado e sem ânimo para sair.

– Como é com os filhos?

– O relacionamento com minha filha é o essencial, pois ela é muito fechada; não existe muita abertura entre a gente. Mas acho que com todo mundo ela é meio assim; sai pouco e tem poucos amigos.

– Seus pais?

– Meu pai faleceu há 16 anos. Minha mãe tem 78 anos e está esclerosada, a conversa é difícil e o relacionamento se resume mais em atender suas necessidades. Eu tenho sete irmãos, nos reunimos por vezes na casa de mamãe e nos damos bem. É gostoso, é muito bom..., temos divergências nos assuntos, mas não incompatibilidades.

– E a aposentadoria?

– Fui professora durante 22 anos, e coordenadora pedagógica por mais três anos. Estou aposentada há seis anos. Fiz ioga e alguns cursos que apareceram: culinária, informática... mas ainda não encontrei algo para preencher o grande vazio que sinto por não ter planejado uma atividade para a aposentadoria. Tenho receio de não ter êxito em nova atividade, me sinto muito desatualizada; eu pretendia algo que não demandasse planejamento, uma estratégia maior, algo que fosse sem maiores pressões e responsabilidade.

– Você tem vida social?

– Tenho alguns casais amigos, na comunidade que frequentamos. Muitas amizades minhas eram associadas à vida ativa de trabalho, agora estou mais distante. Às vezes eu passeio sozinha no *shopping*, ou visito minha mãe ou alguma amiga. Eventualmente vou às comemorações e reuniões familiares em companhia do marido.

Para Clara, o grupo era uma maneira de vencer o isolamento, conviver com outras pessoas e saber o que acontecia no mundo, compreender por que sua vida se tornara tão empobrecida depois da aposentadoria. E também para ajudá-la a traçar um projeto para a maturidade.

Com Ana Maria

50 anos, cursou até o segundo grau, funcionária pública aposentada. O pai é falecido. Solteira, mora com a mãe de 72 anos. Apesar do interesse alegado, nunca, antes, havia procurado atendimento psicológico.

Fisicamente bem, deve ter sido uma moça bastante bonita. Parece um pouco fora do tempo atual. Uma amiga indicou-lhe a Clínica Psicológica da PUC/SP para psicoterapia, que ela considerava necessária, mas que há muito vinha adiando. Mostrou-se ansiosa; disse que tinha úlcera[8] e sofria de gastrite.[9] Quando esclareci o objetivo do GEM, achou interessante participar, pois desejava dar o primeiro passo que sempre adiara.

– Você apresenta sintomas de menopausa?

---

8. "Úlcera péptica: A que ocorre em locais do tubo digestivo expostos à ação combinada de ácido clorídrico e pepsina" (Ferreira, 1986).
9. "Gastrite: Inflamação do estômago" (Ferreira, 1986).

— Tenho irregularidades menstruais há dois meses; e já marquei uma consulta médica para fazer uma avaliação. Tive hemorragia gástrica de origem nervosa aos 20 anos. Faço tratamento para úlcera gástrica, permanentemente. Acho que minha ansiedade e nervosismo são anormais, estou sempre tensa com alguma questão.

— Você tem problemas com seu corpo?

— Sou um pouco gordinha; gostaria de emagrecer e eventualmente fazer uma cirurgia plástica.

— Você tem algum relacionamento amoroso?

— Tenho um relacionamento com meu ex-namorado que se casou com outra pessoa, já faz 20 anos. Mesmo depois de ele ter-se casado, nós nos encontramos uma ou duas vezes por mês. Nunca mais tive outro namorado, fiquei na defensiva para qualquer outro tipo de envolvimento. Nunca engravidei; me realizo na convivência com meus sobrinhos.

— E com seus pais?

— Sempre morei com meus pais. Meu pai morreu há seis anos. Eu sou a mais velha, levo uma vida muito familiar, rodeada de irmãos e sobrinhos. Acabo me ocupando das questões da vida deles, sofro com seus problemas. Atendo aos problemas de saúde de minha mãe, acompanhando-a no que é necessário.

— E quanto à profissão?

— Trabalhei durante toda a vida como funcionária pública, em cargo de assistente administrativa, estou aposentada há dois anos e ainda não consegui pensar no que poderia fazer. Tenho poucas amizades, e as que tenho são mulheres.

— Você costuma sair?

— Saio pouco com as amigas; vou ao cinema, teatro e barzinhos. Muitas vezes deixo de lado os programas com as amigas para ficar em casa ou fazer programas familiares.

A participação de Ana Maria no grupo lhe serviria como um tratamento inicial, pois percebi que ela precisava de psicoterapia convencional – para isso, na Clínica Psicológica da PUC/SP, teria de esperar alguns meses. O grupo poderia ter função terapêutica para ela e ser uma oportunidade de atendimento imediato, podendo sensibilizá-la para a reflexão e o trabalho elaborativo em torno de sua vida e condição atual. Ouvir outras mulheres poderia ajudá-la a identificar e, eventualmente, rever seus investimentos afetivos.

Com Matilda

54 anos, artista plástica, exercendo atividade profissional esporádica. Casada há 28 anos, tem dois filhos, um com 27 e um com 24 anos. Seu pai é falecido e sua mãe, aos 90 anos, mora no país de origem. Fez psicoterapia individual em alguns períodos de vida.

Pessoa de nível socioeconômico diferenciado, bem conservada fisicamente, embora com um estilo mais convencional de se vestir e se comportar. Tenta mostrar menos angústia do que realmente sente, mantendo o controle racional acima de tudo. Um pouco distante no contato, parece não poder abrir muito espaço para suas necessidades afetivas.

– O que a traz aqui?

– Começo a enfrentar algumas restrições financeiras pela falta de independência financeira de meus filhos e porque meu marido vai se aposentar logo mais. Tenho muito interesse em discutir, principalmente meu relacionamento familiar com meus filhos e com meu marido.

– Fale um pouco sobre esses relacionamentos.

– Eu sou estrangeira. Mudei-me para o Brasil quando me casei, há 28 anos, com um estrangeiro de origem diferente da minha. Desde então, moro em São Paulo. Meu marido é onze anos mais velho; as dificuldades de relacionamento surgiram desde o início do casamento. Temos temperamentos opostos, diálogo difícil e diferenças no modo de encarar a educação dos filhos. Hoje estamos distantes até sexualmente; já tivemos mais afinidades do que agora, mas eu reconheço que ele é bom pai de família.

– Como é a relação com seus filhos?

– Meus filhos já são adultos, mas sempre tivemos dificuldades com eles, desde a infância. Apesar disto, me sinto mais próxima deles do que eles são do pai. Uma das minhas maiores preocupações é ver a dificuldade deles em serem independentes.

– Você tem preocupações com estética e saúde?

– Tive a menopausa aos 38 anos, faço TRH há 12 anos, complementada por medicação preventiva. Sempre fiz muitos exercícios físicos, não me preocupo com essa área, pois estou bem-cuidada.

– E o relacionamento com o resto da família?

– Tenho um bom relacionamento com uma irmã que mora em São Paulo, mas não nos vemos muito por falta de tempo e porque ela viaja muito. Sou a caçula e tenho uma grande diferença de idade com meus irmãos. Meu pai já faleceu. Minha mãe tem 90 anos e mora em nosso país de origem, uma de minhas irmãs é quem cuida dela, lá. Vou vê-la sempre que posso.

– Você está trabalhando no momento?

– Eu trabalhava quando solteira. Quando casei vim para o Brasil, logo engravidei, e fiquei me dedicando à vida doméstica. Há 10 anos faço pintura, e já fiz até algumas exposições. Já fiz cerâmica, me interesso por astrologia e vários cursos extras. Tenho muito interesse por nutrição, gostaria de montar um lugarzinho charmoso onde também pudesse trabalhar.

– Como é seu horário de lazer?

– Tenho algumas amigas, mas o convívio não é excessivo... você sabe, a vida de São Paulo não permite encontros assíduos, e porque cada um tem seus problemas. Meu marido e eu viajamos para a casa de praia no final de semana, e, depois dessa quase aposentadoria do meu marido, ficamos alguns dias lá.

Apesar da postura reticente, Matilda acabou estabelecendo um bom contato logo na primeira entrevista. Mostrava-se como uma pessoa muito empenhada em tentar solucionar os problemas familiares, mas tinha dificuldade em perceber o que poderia ser efetivo para reduzir a angústia que cada um enfrentava. Vivia um impasse que obstaculizava o seu desenvolvimento.

Capítulo 2

Falando entre nós

Para que o leitor possa entender melhor o que se passa e as discussões que têm lugar em um *Grupo de Encontro de Mulheres*, optei por apresentá-las por temas, selecionando uma amostra do que se desenvolveu durante os encontros, junto com minhas impressões. Alguns detalhes foram omitidos ou ligeiramente modificados para preservar o sigilo e a identidade das participantes, mas sem comprometer a autenticidade do relato.

Após as entrevistas iniciais, foi marcado o dia do primeiro encontro do grupo. Logo de início, propus, dentre outras coisas, que fizéssemos um acordo de participação: o tema das conversas seria livre, seguindo a associação de ideias e mantendo sigilo sobre o que fosse falado em nossos encontros.

Marcante para todas, e atrativo fundamental para a participação no GEM, era a possibilidade de estabelecer interlocução e trocar experiências com mulheres da mesma faixa etária. Ansiavam pela oportunidade de discutirem os assuntos que lhes eram comuns. Destacaram o fato de essa participação ser uma chance de criarem novas amizades, pois a maioria sentia-se solitária e não tinha com quem partilhar as vivências atuais, pontilhadas de angústia, medo e insegurança.

Nair: – Nossa faixa de idade é de interrogação, falta de perspectiva, sem objetivo e direção.

– Dos 40 aos 50 vai-se perguntando o que eu fiz da minha vida e o que vai ser? Faz-se um balanço... É uma coisa física, que todos passam e tomam caminhos na vida.

Matilda: – A questão do tempo, o que eu fiz até agora... estou numa fase de revisão de vida: onde eu errei, onde eu falhei, o que eu fiz, o que eu não fiz, o que eu deveria ter feito e não fiz... O problema do tempo que resta, como vai ser daqui pra frente, com relação à saúde... tudo isso me deixa um pouco confusa.

– Nós somos muito desassistidas nessa faixa de idade. Precisava ter mais grupos como este, para que pudéssemos conversar com quem está na mesma situação.

Rosa: – Quero tentar responder minhas dúvidas, tentar me conhecer melhor, e acho que no grupo terei mais chances. Aqui somos iguais.

É interessante como, desde o primeiro momento, surgiu o que é referido frequentemente na literatura como sendo a busca de identificação entre mulheres nessa faixa etária. Elas ansiavam por compartilhar impressões sobre as mudanças que vivenciavam, flagrando-se com dúvidas, questões e mostravam-se bastante apreensivas.

A procura atende à necessidade de, entre pares, sentirem-se acolhidas e reconhecidas, contando com a metabolização das ansiedades em comum, feita pelo grupo como um todo. Desta forma, de modo espontâneo, as participantes do GEM têm acesso ao que de mais rico e construtivo um grupo pode oferecer.

Minha presença como coordenadora dos encontros garante que o grupo mantenha as características de um contexto terapêutico, ambiente facilitador para ventilar dificuldades que podem estar se refletindo na saúde das participantes, criando obstáculos ao crescimento pessoal e, muitas vezes, comprometendo suas relações interpessoais. Desta forma, podem ser ajudadas a enfrentar essa etapa de vida, com atenção também para a problemática de cada uma.

Clara: – Eu ouvi que, num certo período da vida, a vida nos dá coisas, e chega uma hora em que começa a nos tirar, e acho que essa hora chegou... Achei que nunca ia acontecer...

– Onde foi que a gente perdeu nossas identidades?

Vera: – Depois dos 44 anos, comecei a ficar meio... parece que eu peguei a reta do fim do caminho.

Elas se manifestavam inseguras e ansiosas não apenas sobre o presente, mas também sobre o que o futuro lhes reservava, com medo de serem surpreendidas e estarem despreparadas para isto.

Vera: – Antes, minha mãe falava: Você está louca? Eu bebia, fumava, chegava de madrugada. Vivia intensamente... Depois dos 40, foi mudando. Uma vez, quando fazia terapia, o terapeuta pediu que eu descrevesse minha vida do começo ao fim. Pensei que iria morrer com 87. Hoje quero que seja mais cedo, porque a idade traz coisas de que a gente não gosta.

Se, por um lado, é muito importante serem olhadas, escutadas e reconhecidas, o fato de compararem os pontos em comum alivia o temor de se sentirem como exceção, permitindo-lhes perceberem que não estão sozinhas. As outras, ao trazerem suas experiências, podem auxiliar com as soluções encontradas. Assim, acreditam que ganham muito estando juntas.

– Se a gente para para pensar, desde que nos conhecemos por gente a vida nos tira coisas. Mas, nessa fase, estamos com os nervos à flor da pele. Sentindo que você estava lá em cima e já começou a descer, tem menos oportunidades. A gente se sente muito mais infeliz, com coisas muito menores.

Todas eram informadas sobre as muitas mudanças biológicas, psicológicas e sociais que ocorrem nessa faixa etária. No entanto, estavam inseguras sobre o que poderia estar lhes ocorrendo pessoalmente, sofrendo certo estranhamento consigo mesmas, dadas as desestabilizações que estavam vivendo. Davam-se conta da necessidade de compreender, mais profunda e amplamente, o que sentiam, experimentando ansiedade em variados graus.

Saúde do corpo e da mente

A saúde física da mulher no meio da vida, neste período de mudanças, está profundamente associada a fatores psicológicos e sociais. As alterações biofisiológicas repercutem no psiquismo feminino e em suas relações, e o corpo feminino passa a refletir o que não vai bem nas outras áreas.

A menopausa, evento natural e característico deste período de vida, já havia ocorrido com algumas das participantes do *Grupo de Encontro de Mulheres*; outras haviam-na atingido através da histerectomia.[10] Muitas apresentavam um ou mais sintomas relacionados à síndrome do climatério,[11] indicando a aproximação da última menstruação. Especialmente perturbadores eram as ondas de calor, a irritabilidade e o nervosismo. Em várias ocasiões, foram associados menopausa e envelhecimento. Para muitas participantes, atingir a menopausa, ou até mesmo apresentar os sintomas que costumam antecedê-la, é registro inegável de que estão envelhecendo, sendo angustiante não se sentir mais a mesma. Vera sentia grande angústia com as repercussões físicas, psicológicas e sociais que começava a sentir.

> **Margarida:** – Eu precisei tomar fósforo e cálcio para osteoporose e eles caíram no estômago e fizeram uma ferida. Comecei a vomitar, foram dois dias passando muito mal. O estômago está muito embrulhado. Mas preciso do cálcio, porque minha osteoporose está grande.

A perda da capacidade reprodutiva era expressa de forma simbólica e, por vezes, deslocada, em muitos momentos da discussão em grupo. As mulheres referiam-se ao fim dos ciclos menstruais como um fator de estranhamento, ausência sentida com o desaparecimento de um balizador importante na vida feminina. O sentimento predominante era de que em suas vidas estavam ocorrendo perdas difusas, não claramente identificadas, mas que sabiam referir-se à condição feminina. Isto por fim se somava a outras perdas e mudanças enfrentadas. Geralmente, falavam em limitações, apagamento, esvaziamento, perda ou finalização, devidos seja à condição de saúde, seja a fatores estéticos ou ao envelhecimento em geral. Por vezes,

---

10. "Histerectomia: remoção cirúrgica do útero, pela parede abdominal ou pela vagina" (Masters & Johnson, 1979).

11. A descrição da síndrome do climatério pode ser encontrada na página 107.

ainda, falavam nos relacionamentos ou atividades que sucumbiam à rotina, tornavam-se insatisfatórios ou perdiam o antigo sentido.

Rosa, Margarida e Cristina tinham sido submetidas à cirurgia de histerectomia (no caso de Rosa, acompanhada da retirada dos ovários). A cirurgia de Margarida e Cristina ocorrera há pelo menos cinco anos. Rosa havia sido operada há cerca de um ano; em seu caso, a ausência dos ovários obrigara-a à TRH, o que não chegava a impedir totalmente alguns sintomas, como as ondas de calor. Para essas mulheres, a intervenção cirúrgica não parecia ter implicado maiores dificuldades, mas todas reconheciam que os reflexos dessa perda podiam não ser conscientemente percebidos ou se encontrarem deslocados em outras áreas do seu viver.

Outra coisa em comum às três era o fato de serem casadas e terem pelo menos dois filhos adultos. A perda do útero não adquiria, assim, o mesmo significado que tinha para as mulheres sem filhos. Eu já havia conversado com muitas mulheres que, apesar da indicação médica de se submeterem à histerectomia, adiavam e se recusavam a passar por essa cirurgia, por acharem que a menstruação, apesar dos incômodos físicos que causa, é algo da condição feminina de que não desejam abrir mão, pelo menos enquanto a natureza lhes garantir essa ocorrência.

Sem filhos, Ana Maria havia deslocado para os sobrinhos seu interesse pelo papel materno, o que a fazia sentir que o "relógio biológico" não a atingira diretamente. Em seu caso, esta era uma tentativa racional de defender-se das repercussões emocionais deste encerramento, uma vez que não conseguira constituir sua própria família. A falta de um companheiro estável e filhos foi constantemente lamentada pelas mulheres solteiras que entrevistei e acompanhei em vários grupos. Viam suas vidas muito voltadas para a família de origem e se angustiavam com isso, pois lhes parecia um triste futuro, à medida que a idade avançava, permanecerem sozinhas.

Na mesma época em que as participantes discutiram o significado amplo e profundo da perda do útero e da função reprodutiva, Inês fez, num dos encontros, um relato comovente sobre uma vivência muito importante.

> **Inês:** – É horrível quando falam que você tem câncer. Parece que o mundo acabou, que não tem futuro, que amanhã você vai morrer... Mas agora sinto que estou bem; faço acompanhamento a cada seis meses, estou vivendo mais hoje, porque amanhã eu não sei se estarei aqui ou não. Mas eu estou bem, sinto que estou... Minha família me apoiou muito, acho que sem ela eu não teria superado isso.

O relato de Inês sobre o câncer de mama surgido há cerca de um ano e meio, com consequências pulmonares devido à radioterapia, foi acompanhado com muita atenção e interesse pelas outras participantes. Reconheceram e deram continência a essa experiência extremamente dolorosa. De todas, apenas Vera havia interrompido por alguns anos, após o nascimento dos filhos e a mudança de seu ginecologista para outra cidade, o acompanhamento ginecológico, mas retomara há cerca de três anos, passando por avaliação médica e fazendo os exames necessários. Após a exposição de Inês, Vera sensibilizou-se e disse que iria procurar de imediato nova avaliação de sua saúde.

> **Vera:** – Eu estou preocupada com essa fase, que está mexendo muito comigo. Ainda não entrei na menopausa, mas estou querendo me preparar, estou assustada com o que vem... eu não vou ser mais a mesma. É uma outra etapa, um outro ciclo, e a gente não quer sair daquele em que está.

> **Clara:** – Tem horas que a gente precisa recorrer a um especialista. Eu não estava querendo aceitar que já tinha chegado a hora, e de repente até já passou da hora de começar uma reposição hormonal. Meu médico é contra para todo mundo, mas disse que há casos em que é preciso. Há um ano e meio comecei, e a cada dois meses eu vou lá para reavaliar. Eu acho que é assim: se você percebe alguma coisa, tem de ir atrás. Eu não vou esperar ficar do tamanho do mundo.

Matilda: – Eu tirei um ovário na adolescência. Isso não me impediu de ter filhos, mas tive a menopausa supercedo. Desde então, faço reposição hormonal e tratamento médico preventivo. É necessário que se cuide de todos os aspectos, físicos e mentais.

Outros problemas de saúde vinham sendo avaliados e acompanhados por médicos especialistas. Todas concordavam que, na idade em que estavam, a saúde começava a demandar muito maior atenção. Com relação a alguns transtornos, foi clara a associação que as participantes fizeram sobre a contribuição determinante da condição psicológica e emocional para a sintomatologia apresentada.

Ana Maria: – Tenho certeza de que minha gastrite é de fundo emocional.

A úlcera de Margarida, associada à alta taxa de colesterol, eram transtornos que ela vinculava a seu estado emocional após a separação conjugal. Segundo Lúcia, sua hipoglicemia e estresse estavam completamente vinculados às dificuldades financeiras e ao seu emprego na ocasião, insatisfatório e desgastante. A hipertensão de Clara surgiu após a aposentadoria e refletia, em sua opinião, a condição emocional após a parada da vida profissional e a falta de atividade que preenchesse e desse significado à sua vida.

Abertas às questões psicológicas, Nair, Cristina, Matilda e Vera já haviam feito psicoterapia individual, em outros momentos de vida. O fato de agora terem optado por participar do GEM soava como uma escolha mais específica. O objetivo focal as atraía, pois desejavam discutir seus problemas em comum nesta fase. A duração limitada a 12 encontros grupais era vista por elas como período que podiam encarar de forma compromissada. Era muito claro, para elas, a distinção que havia entre este atendimento e a psicoterapia convencional sem prazo de encerramento determinado. Eram vistos como atendendo a expectativas diferentes e, por vezes, sendo formas de atendimento complementares.

Conferindo o próprio envelhecimento

A chegada ao meio da vida traz consigo a consciência da própria finitude. As mulheres tornam-se especialmente vulneráveis e, com frequência, a segurança pessoal é abalada pelo início do processo de envelhecimento. Há um estranhamento com a própria imagem, que as atinge e maltrata como se viesse de fora e não refletisse a forma como podem se sentir internamente. Para elas, a questão da estética toca em cheio a vaidade e a relação com o próprio corpo.

As marcas no rosto e no corpo, embora sinais de superfície, podem, neste período crítico, representar o encolhimento, o abatimento e a perda de viço, que muitas mulheres sentem tão profundamente.

Sentir-se atingida em seu narcisismo e feminilidade está longe de ser uma questão fútil e superficial. As mulheres têm, em geral, razoável consciência de que tratamentos e cirurgias podem restaurar as marcas de superfície que surgirem, mas que não chegam a eliminar o confronto com o próprio envelhecimento e a urgência de pôr em marcha realizações que vinham sendo adiadas. O tempo urge.

Algumas mulheres haviam afirmado, na entrevista inicial, não se preocuparem em demasia com a estética; no entanto, durante os encontros grupais, muitas revelaram suas insatisfações com a aparência. O descontentamento devido ao aumento de peso fazia-as determinarem-se a seguir dietas e, eventualmente, cumprir algum tipo de exercício físico. Em realidade, havia muito desconforto e constrangimento com o envelhecimento e as marcas do tempo deixadas em seu físico.

Vera: – Você pega uma fotografia da sua mãe, maravilhosa, e aí você fala: O que Deus fez com essa mulher? De princesa você vai virando uma bruxa.

– Nossas mães não ligavam nada para a estética.

– Eu estou intrigada com isso. Eu não acho que deveria mudar minha vida com a idade, mas, de repente, muda e não tem jeito, esteticamente e mesmo sob o olhar de outras pessoas.

– Eu estou pensando em fazer plástica de mama; minha ginecologista e meu marido me incentivam muito, mas eu fico pensando que é pura estética, e isto me deixa em dúvida.

Uma participante de outro grupo havia se submetido à cirurgia plástica nas mamas. Em geral, as participantes incentivavam aquelas que tinham dúvida sobre se deviam ou não se submeter à cirurgia plástica.

– Depois que eu fiz a plástica de mama, eu me achei a coisa mais linda... A plástica faz um bem para a cabeça da gente!

Vera: – Eu não saía de casa sem pintar os olhos, agora não pinto mais porque acho que depois de uma certa idade não fica legal, fica enrugado. Passar pó no rosto fica mais feio ainda. Hoje, depois da nossa conversa, resolvi que vou fazer plástica.

Duas participantes apontaram mais diretamente seu desânimo em se arrumar, sendo nelas flagrante o quanto isto era sintoma associado ao estado depressivo em que se encontravam.

Nair: – Não sou mais vaidosa como fui, agora fico ligada à idade ou a algo que falta para nos completar.

Rosa: – Quando surge um programa, e eu começo a pensar que vou ter de me arrumar, vai me dando uma preguiça... Logo desisto. Há tempos que não compro roupa para mim, para quê?

De modo geral, a questão estética era uma ponte para reflexões sobre o envelhecimento. Era através dos sinais observados no corpo, no rosto e, até mesmo, na reação dos outros que elas se davam conta do tempo que vinha passando.

Lúcia: – Como fazer para conciliar essa idade interna com uma aparência externa... Eu me sinto jovem, sinto que poderia fazer mil coisas, eu deveria ter cinco vidas, porque o tempo não é suficiente pra fazer tudo o que eu gostaria. E eu sinto que a vida está indo embora... Há pouco tempo coloquei uma saia-calça curta e fui trabalhar, e as secretárias olharam como se dissessem: "Fica na tua!". De repente eu me sinto frágil.

Vera era aquela que se sentia mais atingida, em sua vaidade pessoal, pelas marcas do tempo em seu corpo. As outras assinalavam aspectos que eram prejudicados com a idade, mas não apontavam a estética como o problema mais angustiante. Em outros grupos, algumas participantes revelaram estar mais abaladas pela perda da juventude evidenciada fisicamente.

> **Vera:** – Eu tenho certeza absoluta de que a idade está mexendo muito com a minha cabeça. A sensação é que eu não tenho mais tempo, eu não posso esperar. O tempo está passando, tem de andar rápido senão não dá mais.

Pelo envelhecimento, presente em cada sinal do corpo e do rosto, conferiam o tempo passar. A consciência de estarem atingindo o meio de suas vidas gerava angústia por tudo o que desejavam ter realizado e não haviam conseguido até então, e aumentava a pressa em concretizar projetos que haviam sido postergados.

> **Vera:** – Eu acho que existe uma associação direta entre menopausa e envelhecimento, e me preocupo muito com todas as consequências no corpo e na cabeça da gente. Estamos envelhecendo, não somos as mesmas.

> **Lúcia:** – Alguém poderia descobrir a estratégia para cada tropeço e decepção, qual válvula acionar para olhar do lado positivo? Vou acionar para lá, encher o peito e criar coragem nova e continuar.

> **Inês:** – Tem um lado a ver com o cultural, a maneira como nós, mulheres, fomos criadas: casar, ser mãe, um tipo de impotência cultural.

> **Lúcia:** – Essas jovens aí, elas estão mais preparadas para falar "eu quero" do que nós. Talvez quando chegarem à nossa idade, não estejam.

Neste período da vida em que se perde a capacidade reprodutiva, as mulheres maduras vivem um impasse, pois enxergam nas mais jovens, aí incluídas suas filhas, as possibilidades que eram suas até há pouco tempo, e nas mais velhas, aí incluídas suas mães, figuras que revelam o envelhecimento e as ameaça com a perda do poder de atração, com solidão e morte. Nesta condição de tensão emocional, é frequente emergirem conflitos entre a mulher que chega ao meio da vida e a sua mãe e/ou sua filha. Reacendem-se questões muito antigas sobre a figura feminina e a própria feminilidade, questões que, plenas de significado, se reatualizam neste momento da existência da mulher.

Declínio de nossos pais, queda de nossos heróis

Além da significativa perda afetiva, acompanhar o envelhecimento, a doença e a morte dos pais coloca as mulheres maduras em contato com muita angústia. O processo faz emergir ansiedades com relação à inversão dos papéis, aumenta o temor quanto ao próprio futuro e conscientiza sobre a realidade factível para si mesmas, a partir dali.

– Eu sou a caçula da família. Acompanhei o envelhecimento dos meus pais. Acho que isso está me assustando muito, porque agora chegou a hora do meu envelhecimento.

– Você olha seu pai e sua mãe, as pessoas que foram, agora não são mais. O próximo passo sou eu.

Margarida: – Meus pais me fizeram muita falta quando me separei. Como eu gostaria de ter podido contar com eles, mas meu pai já tinha morrido e minha mãe estava supermal, com câncer.

A maturidade traz consigo o luto pelas próprias insuficiências e limites – luto apenas em parte consciente e que se articula com a imagem desejada de si e com os ideais da juventude. Além do mais, a iminência da morte dos pais é momento de perdoá-los finalmente, pelo que não puderam ser e não puderam nos proporcionar.

Lúcia: – Durante os últimos anos de vida do meu pai, minha mãe quase foi também, foi definhando junto, com tanto sofrimento, dia e noite. Quando ele faleceu, tentamos alegrar um pouco a vida dela; nós a levamos para viajar. Matriculou-se num curso de Terceira Idade, rejuvenesceu, hoje tem um olhar aberto, curioso.

Margarida: – Eu perdi o marido na separação, e na verdade tenho medo de depender dos filhos. Meus pais morreram muito cedo. Minha mãe morreu lúcida, era maravilhosa. Quando eu os perdi, perdi tudo, até os meus filhos ainda falam: "Se o vovô fosse vivo...".

Ana Maria: – Eu pergunto para minha mãe se ela quer mudar, morar num apartamento pequeno, mas ela não quer. Aquilo são pedaços dela, lembranças dela. Pelo nosso lado, ficamos com todas as preocupações e todas as manifestações inerentes a essa nossa idade.

Muitas participantes detiveram-se no exame das angústias que acompanharam a doença e a perda dos genitores; em geral, sendo a mãe figura de maior ligação afetiva, ela representa a perda mais significativa.

Rosa, Vera e Matilda encontraram dificuldades em contar com os irmãos, principalmente os homens, para se ocuparem afetivamente dos pais na velhice e repartirem com elas responsabilidades cada vez maiores.

Rosa: – Cuidar dos idosos é sempre muito complicado para todo mundo.

Matilda: – Meu irmão afastou-se, não quer ver minha mãe porque diz que sofre... Eu me mudei para São Paulo, e ficou uma irmã que é a única que cuida dela, com enfermeira e tudo, mas sacrificou sua vida para cuidar da minha mãe... É duro fazer a divisão, e por outro lado ver uma pessoa que você ama, definhando.

Lúcia: – De repente eles começam a precisar ser o centro das atenções como a gente era quando criança.

Vera: – Minha mãe está lúcida, mas ela esquece tudo, já não tem aquela cabeça pra conversar, pra dar conselhos que eu adorava escutar... Agora acabou, acabou... Com 40 anos, você lembra que está todo mundo indo embora. A qualquer momento você pode acabar.

Refletiram, também, sobre suas expectativas e ansiedades com relação aos cuidados que os filhos teriam com elas.

– A gente tem de prestar atenção em como vai a relação com os filhos, me perdoem as solteiras, pois no futuro pode ser importante para nós o retorno da atenção e carinho que damos agora.

Margarida: – Eu conheço um asilo que você doa a casa e eles cuidam de você para o resto da vida.

Rosa era quem tinha os pais mais idosos. Nos últimos anos, completamente absorvida pelos cuidados com eles, sentia aumentar o vazio deixado pela carreira interrompida e pela aposentadoria. Sua angústia exacerbou-se visivelmente em uma breve internação hospitalar da mãe, durante o transcurso do GEM.

Rosa: – Meus pais são muito idosos, e esta é uma das minhas principais angústias. Essa perda aproxima-se inevitavelmente, e eu tenho de ter cuidados intensos e absorventes com eles. Minha vida pauta-se muito mais em função deles do que de meu próprio núcleo familiar. Meu marido aposentou-se cedo, e com seu comportamento reforça esse meu sentimento de perda, depressão.

Lúcia foi a única participante enfática quanto à boa condição física, psicológica e social da mãe, ressaltando que aos 80 anos ela se encontrava com excelente disposição, muito alegre e sempre disposta, nas atividades e programas que desenvolve com o grupo de Terceira Idade que passou a frequentar depois da viuvez.

Lúcia: – Ela superou a condição desgastante de cuidar de meu pai, que viveu muitos anos com doença de Alzheimer. Ela é um exemplo de vida, superou as dificuldades do envelhecimento com alegria e satisfação, o que muitas vezes me faz sentir em piores condições do que ela.

– Acho que nós do grupo estamos empenhadas em levar daqui algo de significativo, seja nessa pequena trajetória ou na vida com os filhos, é uma doação. Aqui estamos nos doando, e isso é um tesourinho que você vai levar e reunir com outros, e quem sabe, lá no final...

Foram diversas as colocações sobre a condição de saúde dos pais e o relacionamento com eles. No entanto, os modelos oferecidos pela geração anterior, especialmente pela mãe, acenavam quase sempre para a solidão na velhice. Isso era relacionado a dificuldades afetivas ao longo da vida, de pessoas que não haviam cultivado relações mais próximas e significativas com amigos e familiares, e a uma generalizada falta de interesse por atividades do mundo externo. Para prevenir a melancolia, achavam necessário cuidar dos relacionamentos e interesses pessoais, uma forma de construir um futuro diferente, mais realizador e gratificante.

Assim, ressaltaram o esforço empenhado de todas para participar do GEM, visto como uma oportunidade de se desenvolverem pessoalmente e construírem uma vida mais criativa.

Filhos: onde estão os que embalamos?

As participantes do *Grupo de Encontro de Mulheres* que são mães de adolescentes e jovens adultos não permanecem, na grande maioria, indiferentes ao crescimento e à independência dos filhos. No entanto, poucas revelaram sofrimento ou angústia intensos pela mudança no papel materno advinda dessa emancipação. Quando assim se manifestavam, em geral era para lamentar o fato de deixarem de estar afetivamente próximas dos filhos e perderem a representatividade junto àqueles que seguiam seu próprio caminho. Às vezes, sofriam justamente porque os jovens não tocavam a própria vida.

> **Inês:** – A gente se pega nesse sofrimento porque parece que eles tomam umas atitudes e não dependem mais da gente.

> **Matilda:** – Meus filhos são adultos, mas ainda são inseguros e têm imaturidade emocional, eles têm dificuldades em assumir responsabilidades. Mas, apesar dos conflitos

que temos, sei que há maior proximidade afetiva entre nós, mais do que entre eles e o pai.

Em geral, as participantes se sentiam realizadas no papel de mãe, nutriam muito afeto pelos filhos, mas se esforçavam para evitar que suas vidas fossem exclusivamente dedicadas a eles, principalmente na faixa etária em que se encontravam. Foi interessante observar, que algumas mulheres, mesmo trabalhando fora e mantendo uma vida pessoal bastante ativa, muitas vezes pareciam especialmente abaladas com a independência dos filhos crescidos.

– É o medo de perder, também, deles se afastarem para sempre. Minha casa parece pensão, chega um toma banho, larga roupa, toalha, e vai embora. Daqui a pouco volta. Fico revoltada, mas eles têm a vida deles.

No caso de Nair, a importância do papel materno era muito presente em sua vida. À medida que os filhos cresciam e se tornavam adultos, ela experimentou (mais do que qualquer outra do grupo) a "síndrome do ninho vazio". Seu relato foi comovente.

Nair: – Há mudança de vida com os filhos independentes, a vida fica mais vazia. Você vai deixando de fazer uma coisa e outra, aí chega a hora em que se fica assim, isolada de tudo. Hoje em dia os filhos ficam cada vez mais fora de casa. Eu faço cada vez menos comida e cada vez sobra mais. Não sei mais como fazer.

Rosa: – Eu precisei faltar em dois encontros do grupo porque minha mãe foi internada. De agora em diante, nós é que começamos a depender da boa vontade dos nossos filhos, porque são eles que um dia cuidarão de nós.

Margarida reconhecia que, após se ter separado do marido, havia se ligado excessivamente aos filhos, buscando neles o apoio afetivo de que tanto necessitava – e isto os havia levado à dependência recíproca. Para ela, sua emancipação serviria também para ajudá-los a buscar a própria independência. É interessante observar que, nestas circunstâncias, não é fácil também para os filhos enfrentarem mudanças na relação com os pais. Crescer é dolorido para todos.

Clara: – Eu me ressinto da timidez e falta de proximidade da minha filha no relacionamento dela comigo e também com meu marido.

Os filhos são extremamente importantes para um casal, embora algumas mulheres não sintam necessidade de ser mães para que se realizem como pessoas. Assim mesmo, registram como perda importante o fato de não terem tido filhos, ainda quando contavam com companheiro estável. Nesta fase da vida, podem surgir angústias pelo "tempo perdido" em relação à maternidade, ao que se podem somar outras perdas afetivas sofridas ao longo da vida, elos perdidos no passado.

Muitas vezes, esse é um momento dramático, em que se antecipa a solidão da velhice, principalmente quando não se conta com um companheiro estável. Além de tudo, há sempre a possibilidade de sobrevirem fantasias negativas angustiantes com relação à integridade do próprio interior, uma vez não tendo gerado filhos.

Ana Maria: – Eu acredito que meus sobrinhos preencheram a possível aspiração que eu poderia ter em ser mãe.

Cristina: – Eu vivo uma contradição. Gosto das coisas harmoniosas, mas não gosto de impor e reprimir, porque eu acho o fim da picada você estar na sua casa e não ter liberdade, por causa dos filhos.

Matilda e Vera lamentam ter abandonado a vida profissional em função do casamento e do nascimento dos filhos. O depoimento de outra participante mostra como sentimentos profundos podem existir de modo latente.

– Casei-me e não queria filhos, pela responsabilidade. Fui abrindo mão da liberdade que tinha, me afastei dos amigos para não perceberem o quanto eu era infeliz. Tem um vulcão dentro de mim que tenho de ficar segurando, quero produzir, fazer coisas, mas acho que vou esperar os filhos crescerem um pouco mais. Tem coisas que minha mãe não fez para mim, mas que eu gostaria que tivesse feito. Assim, não tenho coragem...

Margarida: – Enquanto eu guardava as coisas deles, era sempre bagunça. Quando meu marido foi embora, as coisas em casa mudaram. Hoje eles me respeitam, me poupam.

Tanto Margarida como Cristina (antes do segundo casamento) encontraram em seus filhos, um grande apoio afetivo para a difícil experiência de separação conjugal. Isto fez fortalecer muito o vínculo existente, fato bastante frequente dada a condição de vulnerabilidade da separação conjugal. As mães buscam socorro nos filhos. No caso de Cristina, a ajuda foi encontrada especialmente no filho mais velho.

Cristina: – Quando entrei com meu filho na igreja, passava esse filme todo: puxa vida, tão pequenininho, eu que ensinei a andar, eu que fiz; agora, daqui pra frente, eu não tenho mais nada a ver com isso.

Nair: – Sem os filhos em casa, abriu-se um vácuo dentro de mim. Nos lugares em que ia, não vou mais porque os filhos estão independentes, a gente vai se afastando da troca com outros e não encontro mais algo que me interesse. Sinto a falta da responsabilidade. Isso traz a solidão. A gente precisa trabalhar essa mudança de vida, e para mim está muito difícil. Quanto tempo mais eu vou ter de saúde, de vontade?

Rosa: – Eu acho que a solidão pinta quando você não está reagindo.

Por outro lado, para algumas mulheres, o crescimento dos filhos e o término da capacidade reprodutiva representam uma liberação pessoal e sexual, pois lhes permitem concentrar-se em interesses mais variados e desenvolver-se em outros campos para além da maternidade. Mas, para isso, é preciso que a autoimagem da mulher seja positiva e valorizante, para que invista em si e em seu desejo, o que, infelizmente, nem sempre ocorre. No entanto, essas mulheres podem tomar consciência de como é importante ter essa meta e, assim, buscar auxílio para alcançá-la.

O parceiro: encontros e desencontros

No balanço de vida das mulheres maduras, ocupa lugar de destaque o relacionamento com o parceiro. A importância deste vínculo afetivo é inquestionável; ele é sempre alvo de discussão, e a troca de experiências entre mulheres casadas e separadas é complementada pela experiência de quem se manteve solteira.

O interesse pelo *Grupo de Encontro de Mulheres* é predominante em mulheres casadas, fato que pude confirmar em todos os grupos que desenvolvi. As insatisfações, a rotina e a perda do romantismo inicial na relação com o companheiro são temas recorrentes. O reencontro do casal pode ocorrer na maturidade, após o crescimento e a independência dos filhos, e requer a reformulação do relacionamento e a readequação às necessidades atuais. Antigos problemas entre marido e mulher podem demandar uma solução que não consegue mais esperar ou exigir uma assimilação, o que, muitas vezes, só se torna possível quando se chega à maturidade.

> **Margarida:** – Meus pais me prepararam para casar. Vivi 23 anos com um homem que não admitia que eu fosse trabalhar, e quando me separei fui trabalhar e me senti muito bem... Ouvi depois dele, que se eu tivesse ido trabalhar, eu teria salvado nosso casamento.

As mulheres querem contar com um parceiro presente, afetivo e companheiro – e, quando possível, romântico e sexualmente estimulante.

> **Lúcia:** – A gente fica mais feliz quando vai se libertando nesta idade, porque o que a gente recebeu, há 20 ou 30 anos, não é mais o parâmetro vigente, o padrão de hoje.

Algumas acreditavam ser isto possível apenas com outro homem, sendo relativamente frequentes as fantasias românticas:

> – Tenho 50 anos, mas sou uma mulher, tenho sonhos e fantasias ainda... Marido está sempre sem muito tempo para nós... Até há algum tempo, eu não queria nem ver o álbum de casamento.

– Às vezes, quando estou na fossa ou irritada com marido e filhos, podia aparecer um príncipe de cavalo branco e me levar embora.

Ana Maria achava que as mulheres casadas tinham muito mais sonhos e ilusões do que as solteiras, como ela. As casadas acreditavam que iriam encontrar algo bastante diferente fora do casamento insatisfatório. Ana Maria estava acomodada na sua condição de mulher solteira que se relaciona com homem casado. Surpreendia-se com a inquietude das outras e sentia-se diferente da maioria delas. Não se desesperava quando não tinha programas, nem se desdobrava para que surgissem oportunidades.

Assim como se deu com Margarida, a separação do marido, após muitos anos de casamento, é uma das ocorrências que mais abalam as mulheres, nesta faixa de idade. Há sete anos, o marido a deixara por uma mulher 15 anos mais nova do que ela. Sentia-se deprimida.

Margarida: – Ser abandonada pode ser pior que a morte. Abandono não é morte física, mas é morte de perda.

Lúcia: – As coisas pioraram a partir das dificuldades financeiras que começamos a enfrentar há cerca de sete anos. Nosso relacionamento ficou mais tenso, e nossas conversas, com frequência, mais superficiais. O relacionamento é hoje 30% do que sempre foi.

Inês: – Meu relacionamento é bom, somos companheiros, mas independentes. Ele pode viajar para a praia e eu, se quiser, tenho liberdade de permanecer em São Paulo. Meu marido acha legal que eu saia, sozinha ou com amigas, e ainda me leva.

Cristina: – Eu me casei aos 16 anos e assim permaneci por 20 anos, quando fui traída e abandonada. Sofri demais com tudo. Na ocasião tive até de fazer psicoterapia de grupo para absorver a dupla traição, dele e da minha amiga. Mesmo assim, tenho de admitir que ele me ajudou a me desenvolver, incentivou muito para que eu estudasse e fosse trabalhar.

Desde que se casou pela segunda vez, há quatro anos, Cristina tem um relacionamento muito satisfatório com o novo companheiro. Isto chegava, às vezes, a angustiá-la, pois se sentia muito dependente dele, afetivamente. Para Matilda, era outra a questão.

Matilda: – Eu sou estrangeira, vivo há 28 anos no Brasil, desde que me casei com um homem de origem diversa da minha.

O marido era 11 anos mais velho do que ela. As dificuldades no relacionamento ocorreram já no início do casamento: temperamentos opostos, diálogo difícil e diferentes modos de encarar a educação dos filhos. Antes, tinham mais afinidades, mas elas vinham se reduzindo cada vez mais. No entanto, reconhecia nele "um bom pai de família". Matilda temia envelhecer ao lado do marido, dadas as condições de solidão e isolamento entre o casal.

Vera avaliava como satisfatório o seu relacionamento conjugal, mas se questionava se não teria sido mais feliz se não tivesse se casado. Sentia-se angustiada pela vida limitada ao âmbito doméstico; incomodava-a, principalmente, as restrições que o marido impunha ao convívio social. Lamentava que não curtissem juntos as atividades de lazer.

Vera: – Ele se arrependeu até o último fio de cabelo de ter me feito sair do emprego. Por vezes, me questiono se seria mais feliz separada, com mais vida social. Sinto falta da liberdade de solteira, mas me sinto ligada ao marido e à vida familiar. Meu marido se basta, não precisa das pessoas, mas eu não.

Diante do comentário de que deve ser bom ser solteira, mas ao mesmo tempo enfrentar muita cobrança da sociedade e da família por não ter se casado, Ana Maria se manifesta:

Ana Maria: – Comigo não aconteceu de me casar. Eu não sinto falta do que eu não tive. Talvez se eu tivesse tido marido..., mas agora eu estou muito acostumada com a vida que levo. Existe cobrança, já existiu mais, mas hoje em dia não ligo.

Cristina: – Acho que para mim doeu muito mais o rompimento com tudo que meus pais ensinaram, com o que a sociedade esperava, do que propriamente o fim do meu casamento.

Foi dado destaque à importância e ao poder do dinheiro na relação entre o casal. Em muitos casos, isto é determinante para o nível e a qualidade da relação mantida entre parceiros.

Lúcia: – Nós éramos dois duros, fomos construindo juntos nosso patrimônio, quando resolvi parar de trabalhar, naquela época, para cuidar das crianças. Eu perdi minha voz, eu já não participava das decisões, eu não era consultada, era apenas comunicada. Senti que pela primeira vez estava me submetendo ao dono do dinheiro.

Começam, então, as discussões sobre infidelidade no relacionamento conjugal.

Vera: – Eles negam que têm outra, até o fim, nunca vão falar a verdade, isto já é uma tática.

Lúcia: – Acho que depois que quebrou a confiança mesmo, não tem o que cole. Mas se ainda não quebrou, eu não quebraria nunca.

Clara: – Uma forma de rejuvenescer é ter uma relação afetiva boa; esse processo de renascer acaba remoçando. Essa batalha para manter a relação acesa, para cima...

Inês: – Nunca me vi tendo relação com uma outra pessoa, e tenho certeza de que ele jamais teria relação com outra, também.

A maioria, no entanto, sentia necessidade de conhecer melhor o companheiro a fim de compreender melhor a relação e atingir maior satisfação pessoal no relacionamento amoroso.

Margarida: – Quando ouvi a fita da secretária eletrônica com o recado da outra, eu disse que era palhaçada. Aí minha filha olhou pra mim e disse: "Mãe, acorde!". Eu levei um choque. A nova mulher dele usa roupa agarradinha, miniblusa, exatamente o oposto de mim.

Lúcia: – Eu vou fazer 25 anos de casada e tenho a impressão de que o meu casamento é como aquela bandeja de prata que vai perdendo o banho, que vai ficando esquisita...

Vera: – Se não fosse ele, talvez eu teria ido por um outro caminho... Será que é essa vida que eu quero, apesar de ter me realizado com meus filhos?

Lúcia: – Não se iludam. É só o que todo casal vê junto, o *Jornal Nacional*!

Matilda: – Houve sempre incompatibilidade de gênios; visto hoje, eu deveria ter me separado há muitos anos. Quando propus, ele deixou nas minhas mãos. Meu casamento hoje em dia não é casamento, não tem cumplicidade de parceiro.

Ao se aposentarem, ainda jovens, Rosa e o marido viram reforçados seus sentimentos de teor depressivo, o que se somava para ela à angústia pela saúde frágil dos pais, muito idosos. A vida de Rosa resumia-se a atendê-los, e seu relacionamento conjugal parecia não estimulá-la a planejar e desenvolver novos projetos e atividades. Essa "aposentadoria da vida" não deixava espaço para que se criassem perspectivas mais atraentes e que enriqueceriam seu futuro.

O relacionamento de Cristina com o segundo marido era, para o grupo, um exemplo de equivalência de forças, distribuição de tarefas, direitos iguais e independência financeira.

Cristina: – Eu digo pra ele: "se você virar maridão, eu não tenho saco para aguentar, aí a gente se larga. Combinado?".

Clara deu um depoimento importante sobre a reformulação e adequação do relacionamento entre o casal, após ter participado do GEM.

Clara: – Agora que minha filha está se libertando, é que a gente está voltando a ficar sozinho. Só agora percebo o quanto perdemos em não tentar, antes, fazer esse momento da gente. Eu praticamente casei de novo, a gente senta e conversa, e sempre sai alguma proposta. Acho que 25 anos pra mim é excelente, eu não trocaria não.

Após muitos anos de convivência conjugal, a maioria das mulheres tem a sensação de que é importante, mas também muito difícil, reformular a vida a dois, para que se torne mais gratificante para ambos. Em casos extremos, é muito difícil optar pela separação, uma ruptura que pode ser necessária para inaugurar uma vida mais satisfatória e independente. É impressionante o número de casais que se acomodam na infelicidade para não enfrentar a mudança.

Uma participante de outro GEM, separada há 12 anos, reformulara completamente a própria vida. Sentiu falta de um companheiro, mas não quis se casar com nenhum dos namorados que teve. Sua experiência e seu modo de ver o relacionamento entre homem e mulher foram uma contribuição significativa.

– É um processo que vai se fazendo, e não apenas um passo... Tinha medo de tudo após a separação, cheguei a ter crises de pânico, mas hoje é como se tivesse nascido de novo após muita luta.

É preciso superar a impotência, a desvalorização pessoal e a tendência à acomodação, para enfrentar a mudança e a reformulação da vida amorosa. No meio da vida, só ou acompanhada, é hora de se pôr em marcha, rumo a uma existência mais criativa e realizadora.

O sexo vai continuar um sucesso?

O relacionamento sexual foi menos discutido no grupo do que os aspectos afetivos da relação amorosa. Algumas mulheres disseram que, se os encontros tivessem continuado, este assunto talvez pudesse ser mais explorado. Embora tenham interesse em discuti-lo, parece ser necessária uma maior intimidade entre as participantes para que haja exposição pessoal, o que depende muito, também, da presença de participantes mais liberais.

Muitas mulheres disseram que a frequência com que mantêm relações sexuais é menor do que no passado, e que parece haver um certo descompasso entre os parceiros: em alguns casos, o desejo é unilateral, seja das esposas, seja dos maridos.

Vera: – Antes a gente transava mais vezes, agora eu tenho negado algumas vezes, não sinto mais vontade. Ele pergunta o que eu tenho, e eu falo: "Não sei, minha cabeça não está legal, estou com o pensamento em outras coisas". Alguma coisa está mudando em mim, eu me emociono com as coisas, antes eu era meio durona. O que está acontecendo comigo? Eu quero sexo, eu não quero perdê-lo, imagina! Eu já estou perdendo tanta coisa, perder isso também?

O depoimento de uma participante de outro grupo salienta um ganho na maturidade:

– Depois dos 40, temos os trunfos de experimentar a sexualidade que a gente não sabia; os médicos falam que, quando se fica livre da gestação, a gente se libera mais.

Margarida, após a separação, não teve mais parceiros sexuais.

Margarida: – Essa conversa de sexo para mim deveria ter a ver, não é? Porque eu não estou tão velha ainda; mas como eu não tenho marido e não tenho namorado, essa conversa não entra; eu ouço, mas não absorvo.

Inês: – Ao contrário, eu vivo muito bem sem tanto sexo no casamento... Agora a gente só faz sexo no horário comercial, quando meu filho vai trabalhar. Tiro o fone do gancho, passo o trinco na porta da rua, e aí ficamos tranquilos.

Usufruir a vida sexual foi completamente associado às condições do relacionamento com o parceiro e à situação que enfrentavam, juntos ou cada um pessoalmente.

Lúcia: – Tem outras coisas que interferem... Ultimamente, nem eu, nem meu marido, temos cabeça para fazer sexo. A cabeça tão cheia de problemas, que você não tem vontade; não é que a gente não se goste.

– Agora tem namorado, namorada de filho, você está sempre com roupa... vamos mandar todo mundo embora outra vez e aí ver se conseguimos descontrair e ficar com o marido.

Algumas vezes, as fantasias sexuais foram explicitadas – e, em alguns casos, eram postas em prática.

Lúcia: – Já pensou? Comprar uma calcinha que se come? O problema é se ele se satisfizer só com a calcinha: Deliciosa, tchau!

Algumas mulheres, ao assistir a filmes, nos quais o sexo é um sinal de libertação feminina, experimentavam, em fantasia, a iniciativa e a coragem que desejavam ter para mudar o contato afetivo e sexual com o parceiro.

– Shirley Valentine, no filme, deixou a coisa acontecer, transou sem culpa nenhuma, se modificou tanto que nem o marido a reconheceu.

– Outro dia eu estava contando o que ocorrera durante o dia, para ele no jantar, e aí ele falou que não precisava tanto detalhe. Aí eu disse que ia chamar o vizinho, para ver se para ele podia interessar... Isto depois de ficar o dia inteiro cuidando da casa e dos filhos.

Num clima de cumplicidade entre mulheres e com a malícia pertinente ao tema, houve momentos em que o humor esteve bastante presente.

Lúcia: – Duas amigas que são separadas há muitos anos comentaram comigo sobre sexo, e uma delas falou: "cueca de homem jogada no tapete, ótimo, dentro da gaveta, nunca mais"... Minha prima quando se separou passou muito mal, chorou sete anos, ficou em depressão horrível... Agora tem um avulso de vez em quando, que ela diz que é terapia de reposição, reposição sexual.

Discutiu-se a diminuição do interesse sexual no relacionamento conjugal, e a expectativa de que fosse um contato mais estimulante e prazeroso.

– A gente às vezes sente atração por outro, mas não quer dizer que deixou de gostar do marido, do mesmo modo ele para nós.

– Falei para meu marido: "se um dia pular a cerca, tome todos os cuidados, use a camisinha!".

Elas buscam afinidades, semelhanças entre a fantasia e a vida real. O que interessa não é saber como é o homem em geral, mas o que pode melhorar e ser mudado na relação com o próprio parceiro.

Clara: – Vivo bem com meu marido, não é um mar de rosas todo dia, mas a gente está criando momentos novos. Minha filha está se libertando, e nós estamos voltando a ficar sozinhos. Eu praticamente me casei de novo.

Vera: – Um homem quando não consegue ter ereção é porque ele está com problema; com a gente é a mesma coisa. Se eu não tenho mais tesão, o problema é meu! Eu tenho de resgatar essas coisas, sair dessa fase.

Ao longo da vida em comum, a rotina e o hábito podem tirar o brilho romântico do relacionamento sexual entre os parceiros. O grupo valorizou muito esse contato, mas as mulheres mostravam-se mais preocupadas em resgatar a troca de afetos na relação, como sinônimo da ligação e da possibilidade de renovar a união do casal. O sexo, em geral, era visto como a expressão do vínculo afetivo com o companheiro. A busca de parceiro sexual sem envolvimento afetivo não era manifesta nem nas mulheres solteiras nem nas separadas que compunham este grupo. As menções a fantasias sexuais vividas com outros homens associavam-se, quase sempre, à insatisfação no clima conjugal.

De qualquer modo, as mulheres estavam atentas e preocupadas em garantir uma vida sexual ativa e prazerosa, sem que a idade fosse um obstáculo. Reconheciam em si algumas dificuldades, mas as atribuíam mais à educação que haviam tido do que a conflitos pessoais, nesta área.

Na profissão, gerando e criando

O *Grupo de Encontro de Mulheres* costuma atrair mulheres de nível sociocultural médio, com escolaridade secundária ou universitária. Em sua maioria, elas trabalham ou trabalharam fora de casa em algum período de suas vidas. Não se inscreveram mulheres com perfil muito distinto deste (o que não significa que o GEM não possa interessar a uma população com outras características). Em outras oportunidades, principalmente nas palestras que dei, pude observar os benefícios que mulheres de meio diverso e com outra formação podem extrair dos GEM.

Rosa: – Eu lecionei por 10 anos, e estou aposentada do banco há cinco. Desde que voltei para o Brasil, e já faz dois anos, não trabalhei mais. A gente se aposenta e não faz um projeto novo.

A atualização, a informação e a convivência social são consideradas essenciais para combater a tristeza e a solidão do envelhecimento. A limitação à vida doméstica é vista como fator empobrecedor, diante dos variados recursos e estímulos disponíveis no mundo atual. Mesmo aquelas que não exercem atividade profissional, viam aí uma forma de se inserir no contexto sociocultural, de enriquecer-se pessoalmente e construir uma vida significativa, com reflexos em todos os seus relacionamentos. As mulheres que fazem parte do GEM pertencem à geração que desbravou mais amplamente as possibilidades de inserção da mulher no mercado de trabalho.

Nair: – Não sou ligada à idade, mas falta algo para me completar, o que é? Faço muitas coisas em casa, mas falta alguma coisa.

Matilda: – Depois que me casei, mudamos para o Brasil e não trabalhei mais. Já faz tempo que eu me dedico à pintura. Já fiz cerâmica e cursos variados, muitos de Astrologia. Gostaria de montar um lugarzinho para mim, talvez um café, onde eu pudesse trabalhar.

Clara: – Estou aposentada há seis anos. Nesse tempo, tenho feito ioga e alguns cursos que apareceram, culinária e informática, mas ainda não encontrei nada que preenchesse esse grande vazio. Acho que é por não ter planejado atividade para depois da aposentadoria. E agora não me sinto preparada, acho que estou muito desatualizada.

Aposentar-se significa perder a integração com o meio social, que o trabalho favorecia, e, em alguns casos, ver diminuídas a autoestima e a realização pessoal. Mesmo aquelas que ainda não haviam se aposentado, preocupavam-se em planejar, para o futuro, alguma atividade produtiva a ser exercida fora de casa. Nesse sentido, procuravam o GEM na esperança de encontrar ajuda para começar a desenvolver esse projeto.

Clara sentia que a vida esvaziara, desde a aposentadoria, e apresentava quadro de hipertensão e depressão após essa mudança. Estava insegura quanto a uma nova ocupação para si, apesar de mostrar-se muito interessada em continuar a desenvolver-se profissionalmente.

> **Clara:** – Você trabalhar, seja no que for, é uma referência para a sua identidade, é uma fonte de autoestima e de uma certa independência, nem sempre é de total independência, mas é importante para você ter a palavra. Sem ganhar dinheiro, você raramente tem voz na relação com o companheiro, e quem já trabalhou e teve voz quando perde... é horrível.

Cristina decidira continuar exercendo alguma atividade profissional depois de aposentar-se, dentro de poucos anos; para ela, eram claras as mudanças que gostaria de promover.

> **Cristina:** – Tem duas coisas que eu sei que vou fazer quando me aposentar: eu não quero mais saber de profissão em escola, e eu estou começando a construir uma casa no litoral para ir embora para lá, alguma coisa lá nós vamos fazer...

Em contrapartida, Nair e Inês – que permaneceram dependentes financeiramente, durante boa parte de suas vidas – não mostraram nenhum conflito pessoal por isso. Aspiravam a atividades fora de casa que fossem interessantes e produtivas, mas não incluíam vida profissional em seus planos.

Inês: – Eu nunca tive frustração por não trabalhar fora, sempre me preenchi em casa. Eu sou de prendas domésticas, gosto muito de cozinhar, costurar...

Nair: – Assumir um compromisso é complicado, a gente já tem uns probleminhas de saúde... Quanto tempo ainda vou ter de vontade, saúde, para ficar num novo projeto?

Uma participante de outro GEM era pressionada pelo marido para que fosse trabalhar fora, dada a condição financeira do casal. Mas ela não conseguia desenvolver-se profissionalmente; participava, apenas, em trabalho comunitário e voluntário e fazia cursos esporádicos.

Vera lamentava ter abandonado a vida profissional após o nascimento do primeiro filho, mas não conseguira superar sua ambivalência com relação a retomar alguma atividade. Sentia que a vida empobrecera, mas vislumbrava maior preenchimento por meio das amizades e da programação social, relutando às ofertas de trabalho pouco atraentes financeiramente ou que apresentassem alguma dificuldade.

Vera: – Eu quero trabalhar, mas tem a dificuldade de você arrumar emprego; se eu tivesse 25 anos eu já estaria trabalhando há muito tempo.

Lúcia e Cristina valorizavam bastante o trabalho, mas Lúcia se mostrava infeliz com seu emprego atual.

Lúcia: – Depois da nossa emancipação, batalha profissional, no fundo de cada uma de nós a gente tinha a expectativa de que os homens iam continuar provedores, pelo menos nos piores momentos. Hoje em dia acho que eles estão em pânico, porque não conseguem mais, ou porque não querem mais esse papel... A gente ainda vive uma contradição muito forte, porque por um lado é muito gostoso também estar dentro da sua casa, com toda liberdade e sem ter um chefe ou patrão...

Nos últimos anos, Cristina apreciava muito ser professora de adultos, uma escolha que ela havia feito; sentia-se realizada ao ajudá-los a vencer barreiras e a se desenvolverem. Via neles uma parte de si mesma, que batalhava para vencer na vida após a separação conjugal. Valorizava muito mais a conquista pelo crescimento pessoal que lhe proporcionara do que pela independência financeira que alcançara.

> **Cristina:** – No meu primeiro casamento, eu trabalhei e sempre fui totalmente dependente, do sabonete à casa própria, ele decidia e estava decidido.

As atividades profissionais de Margarida e Matilda eram esporádicas, mas elas esperavam intensificar isto, seja pela realização pessoal, seja pelo ganho financeiro. Margarida só começou a trabalhar depois da separação conjugal, impulsionada pela limitação financeira.

> **Margarida:** – Depois que me separei, tive de ir à luta. Eu não sabia fazer absolutamente nada, não sabia nem mexer com banco. Hoje eu sei que fiz, cheguei a montar uma cestaria, eu sozinha. Acordava às 4 horas da manhã, ia assar pão e montar cestas.

Lúcia sempre incentivava a atividade profissional daquelas que se sentiam inaptas e desatualizadas para competir no mercado de trabalho.

> **Lúcia:** – Assisti a uma entrevista em que a premiada como "homem de marketing" foi uma mulher, que disse justamente porque a mulher cuida de filho, marido, casa, tão prosaico que ela nem dá valor, que a mulher adquiriu uma versatilidade que é uma vantagem competitiva no mercado.

Clara foi uma das que mais valorizaram o exercício de atividade profissional pela mulher, como meio de conquistar independência e segurança pessoal, com repercussão no equilíbrio de forças e na distribuição do poder entre homem e mulher. Cristina concordou com isto, e relembrou que, no primeiro casamento, embora trabalhasse, sentia-se dependente do marido. Inês tinha opinião diferente.

> **Inês:** – Eu não trabalho e sou independente financeiramente; meu marido deposita na minha conta um dinheiro e eu faço o que quero, não presto contas, não

falo o que fiz, onde fui, nada. Eu não sou submissa, não sou de baixar a cabeça.

As mulheres que trabalham, ao serem demitidas, têm de se reorganizar amplamente para dar continuidade à vida profissional. Este havia sido, por exemplo, o caso de Lúcia, há alguns anos. A aposentadoria, por outro lado, pode ser uma condição para a qual a mulher é impelida, dada a tendência do mercado de trabalho, cada vez maior, de dar lugar apenas para trabalhadores até uma certa idade.

Ainda é significativo, nesta geração, o número de mulheres que abandonaram a vida profissional para se dedicar ao lar e à educação dos filhos, tal como fez Vera. A situação torna-se dramática quando, por qualquer motivo, têm de procurar trabalho, nessa fase. Por sua vez, os companheiros mostram-se muito vulneráveis ao ter, nesta idade, suas carreiras interrompidas, seja pela aposentadoria ou pelo desemprego, pois é frequente terem de ceder o seu posto para profissionais mais jovens.

Muitas mulheres maduras enfrentam a dissolução de seus casamentos, o que as impele a inaugurar, retomar ou mesmo reformular a vida profissional, em função de necessidades financeiras. Margarida vinha passando exatamente por esta experiência.

Para a mulher que, neste período da vida, enfrenta encerramento de sua capacidade reprodutiva, a profissão adquire, cada vez mais, o caráter de reafirmação da capacidade de produzir, gerar e criar em outro campo, auxiliando na elaboração dessa perda na vida feminina.

A atividade profissional torna-se, cada vez mais, uma marca das mulheres na atualidade. Aquelas que hoje chegam ao meio da vida, nem sempre se encontram preparadas para o desempenho de uma atividade paralela ao casamento. No entanto, é cada vez maior o número daquelas que preparam suas filhas para esse investimento. Tem até mesmo ocorrido, por parte das jovens, uma supervalorização do aspecto profissional em detrimento de outras áreas da vida. Esta é uma questão que mostra como as mudanças sociais se fazem por extremos, até que cada um possa recuperar a própria medida e resgatar os valores e objetivos que lhe são caros.

Amizades: diferenças entre só e acompanhada

O fato de mulheres maduras compartilharem experiências com outras nas mesmas condições ajuda-as a estabelecer melhor suas identidades, num momento crítico do desenvolvimento pessoal. Muitos autores escrevem sobre a função do "falar entre mulheres", nessa idade. Trata-se de uma oportunidade única de rever amplamente a própria identidade, uma vez que, entre outras questões, o esgotamento da capacidade de gerar atinge a feminilidade em sua essência. É um tempo favorável à solidariedade entre iguais, em que a competição deve dar lugar à elaboração conjunta das questões que atingem as mulheres. Acentua-se o desejo de saber como as demais enfrentam situações semelhantes às suas, e como encontram uma solução. Isto as faz sentirem-se acolhidas e compreendidas, abre novas possibilidades e capacita-as com um novo repertório de soluções.

A maioria tem poucas amizades, e isto incomoda muito nessa fase, em que se sentem muito sozinhas e confinadas à vida doméstica ou ao relacionamento familiar. Mesmo aquelas que exercem atividade profissional, dispõem muito mais de colegas do que de amigas com quem podem discutir questões essenciais.

É frequente, na maioria dos casais, o parceiro tornar-se, progressivamente, alvo dessas expectativas e ser responsabilizado por preencher o lugar que deveria ser ocupado por um amigo. Isto provoca o afastamento gradual, e por vezes imperceptível, de outros relacionamentos importantes. Apenas quando o relacionamento conjugal esmorece, quando os filhos ganham independência e quando os pais já não vivem mais, é que a maioria das mulheres se dá conta do isolamento em que vivem, e lamentam a perda de vínculos significativos e o distanciamento das pessoas.

> **Lúcia:** – Acho que tem uma coisa terrível que é não conseguir compartilhar, e hoje em dia se você chegar para o seu amigo que perguntou como você está, se você tencionar contar realmente, o cara se fecha e vai embora. Ninguém está disponível para ouvir nada.
>
> – Sou casada e tenho quatro filhos, mas sinto solidão. Solidão é um estado de espírito.

Ana Maria: – Eu sou solteira, e muitas vezes sinto solidão, mas não é pelo fato de ser solteira.

A importância de ter amigos, pessoas escolhidas por identificação e afinidade, foi muitas vezes apontada, vista como essencial para o equilíbrio emocional neste período de perdas e mudanças profundas. Sem amizades, o futuro mostra-se triste e solitário.

Lúcia: – De repente, a gente vê que a solidão é uma coisa comum, que é dessa faixa de idade e que é humano, e que é possível de ser compartilhado. Acho que foi um enorme alívio estar aqui. Eu tinha um grau de angústia que eu não tenho mais, eu estava muito isolada; esse compartilhar no grupo me fez muito bem, como deve estar fazendo para todo mundo.

Cristina: – A gente não fala isso com uma amiga, a não ser que você vá fazer uma terapia. Aí você se abre, mas quem não tem essa chance não fala. A gente não fala, às vezes nem com o próprio marido, as coisas que sente. A gente se fecha, e aqui a gente pode se soltar.

A solidão e a falta de interlocutores foram constantemente apontadas nos encontros. Era frequente se sentirem solitárias, mesmo quando rodeadas de familiares e pessoas de outras relações, mas não conseguiam suprir as necessidades de parceria, troca e compreensão.

Vera: – Aqui eu estou querendo ouvir as pessoas falarem dessa fase nossa, como é que vai ser. Tudo o que tem escrito eu tenho buscado ler.

Margarida: – Eu vendo o problema dela, acho que vou ficar mais calma, achando que é igual, todo mundo é igual, então não fica tão pesado esse sentir a idade.

Várias participantes chamaram a atenção para o acréscimo no desenvolvimento pessoal resultante de poderem falar, ser escutadas e contar com companhias participantes. O fato de estarem juntas conversando distinguia-se da condição passiva de serem apenas informadas sobre quais poderiam ser os problemas e preocupações nessa faixa de idade.

Cristina falou sobre o sentimento de inferioridade e rejeição que dificultava sua adaptação a alguns grupos. Tinha poucos amigos e afastou-se de alguns porque mudou de residência ao casar-se. Tinha dificuldade em fazer confidências; descrevia-se a si mesma como uma pessoa fechada. No grupo, batalhou por um espaço para si e procurou dar oportunidade para que outras se colocassem, o que representava para ela um grande exercício de convivência.

Clara frequentava socialmente alguns amigos, casais da comunidade. Porém, muitas amizades estavam atreladas à convivência no trabalho, se distanciando após a aposentadoria.

Vera sentia-se sozinha, distante da vida das amigas solteiras e tinha pouca convivência social, em função das restrições colocadas pelo marido. Ao voltar para São Paulo, distanciou-se de amigos estimados e da vida social mais movimentada que mantivera durante os quatro anos vividos no interior.

> **Vera:** – Estou me sentindo provinciana, começando tudo de novo. No interior, a gente saía mais, a vida era melhor, todo fim de semana tinha o que fazer.
>
> **Matilda:** – Eu tenho algumas amigas, mas o convívio não é excessivo. A vida em São Paulo não permite encontros assíduos, e cada um tem seus problemas.

O *Grupo de Encontro de Mulheres* satisfaz os anseios femininos nessa fase da vida, oferecendo atendimento psicológico de caráter preventivo, com efeitos terapêuticos. Seus objetivos são mais amplos e profundos do que apenas favorecer uma aproximação entre amigas. Além de oferecer acolhida, empatia e identificação, o GEM é um ambiente favorável ao desenvolvimento pessoal.

> – Aqui você abre a cabeça para uma série de assuntos... Eu acho que a gente tira proveito de tudo no grupo. Eu acho que a gente vai sentir muita falta, da continuidade disto aqui.
>
> – Acho que, nessa relação nossa e em outras mais, é fundamental o processo, o que está acontecendo toda vez que a gente vem aqui, o que provoca, ao que leva, o que traz, o que a gente não nota... Eu vim aqui para

olhar minhas angústias, o que isso me faz sentir me dá referência.

– É muita dúvida na cabeça da gente, é o problema da idade, é o problema de casamento, é o problema da não aceitação da gente, é o problema do futuro que deixa uma interrogação enorme, essas coisas são muito comuns, essa troca eu acho que é muito boa.

Entre algumas participantes, o contato estabelecido no grupo estendeu-se para conversas e café após os encontros. Algumas planejaram férias num mesmo lugar para integrar as famílias. Outras chegaram a se telefonar entre um encontro e outro, num claro movimento de aproximação afetiva e social. Em alguns grupos, uma lista com endereços e telefones das participantes foi distribuída, na qual costuma constar também o número do telefone do meu consultório.

Em geral, as participantes abrem-se ao contato, procurando uma interlocução franca e genuína. Inês ressaltou, em determinada ocasião, que estar com participantes que não se conheciam previamente era mais confortável e dava maior liberdade de expressão.

A participação de pessoas que já se conheciam previamente, deve ser analisada em cada caso particular; mas, em geral, isso não impediu o bom aproveitamento deste tipo de atendimento psicológico. No entanto, quando possível, participantes que se conhecem previamente devem integrar grupos diferentes.

Ao término de cada *Grupo de Encontro de Mulheres*, é visível o quanto todas desfrutaram da experiência. As faltas são raras e, quando ocorrem, são sentidas como uma perda. No caso de Nair, que teve de se ausentar nos encontros finais, foram flagrantes a preocupação e o carinho das demais.

O sentido de pertinência dado por um grupo com alvo focado nas questões femininas surgidas no meio da vida beneficia amplamente todas as participantes.

O trabalho em grupo e o processo individual caminham em paralelo, ajudam a construir identificações e abrem caminhos para muitas elaborações. Pessoas tão diferentes umas das outras percebem que há vivências muito semelhantes e o objetivo comum de aprofundar a compreensão de seus sentimentos, angústias e conflitos.

Lazer: porque não se vive só de obrigações

Um número grande de mulheres declarou ter pouco lazer em suas vidas e aspirar por mais oportunidades de descanso e distração. O envolvimento com questões domésticas e filhos restringia o lazer, usufruído sozinha, pelo casal ou com amigos. As mulheres casadas ressaltaram a dificuldade que era chegar a um acordo com o parceiro sobre o tipo de atividade e o momento adequado para isto ocorrer. Aquelas que eram solteiras ou separadas sentiam falta de um parceiro com quem compartilhar prazerosamente algumas atividades de lazer. Muitas vezes, as amigas, ao se comprometerem em um relacionamento amoroso, acabavam, também, se afastando.

As dificuldades financeiras de Nair restringiam, ou até mesmo impediam, algumas atividades de seu interesse. Para ela, isto empobrecia seu cotidiano, aumentava sua angústia e criava maior isolamento.

A condição financeira de Matilda permitia-lhe viajar com o marido, ora para o litoral, ora para o exterior. No entanto, a incompatibilidade e o distanciamento do casal obrigavam-na a contar, a maior parte do tempo, apenas com as amigas, para acompanhá-la em atividades de lazer.

> **Matilda:** – Sou uma pessoa totalmente antirrotina, me incomoda demais o mesmo cotidiano, e meu marido é extremamente metódico e rotineiro; assim, não combinamos. Eu sempre tentei: "Vamos sair, no teatro, no cinema, conhecer um lugar novo"... E ele respondendo que não, "estou cansado, hoje não, tem muito trânsito"... Sendo assim, eu vou sozinha, e se for à noite, eu arrumo uma amiga, mas o prazer não é o mesmo.

As restrições às atividades de lazer na vida de Rosa partiam mais dela do que do marido ou das filhas. Preocupada com a saúde, o bem-estar e a assistência aos pais idosos, não se sentia tranquila em sair para se divertir ou viajar. Por outro lado, sentia-se desanimada com a maneira sistemática, e excessivamente planejada, com que seu marido pretendia cercar cada viagem ou atividade de lazer. Em sua condição depressiva, Rosa não lutava mais por usufruir de momentos de lazer, seja sozinha ou acompanhada.

Rosa: – Às vezes, quando vejo que para sair eu vou precisar me arrumar, escolher a roupa e o lugar para onde ir, enfrentar as restrições todas, desisto, dá preguiça e prefiro ficar em casa.

Nos últimos tempos, Ana Maria também abdicara de alguns programas com amigas para permanecer em casa, convivendo com a mãe, irmãos e sobrinhos, encolhendo-se preguiçosamente. Reconhecia a importância e o prazer que sentia em conviver com amigos e outras pessoas, mas acabava sendo vencida pelo desânimo e pelos atrativos do aconchego familiar.

Inês foi quem, de modo mais explícito, procurou no GEM uma oportunidade de ampliar seu círculo de amizades, a fim de gozar de atividades de lazer, para as quais não podia contar com o marido.

Inês: – Meu marido não é de sair de casa, não gosta mesmo, mas ele não se importa que eu vá ao cinema à tarde; também não tenho horário para chegar, ele não me pergunta nada. Ele se aposentou, não viaja mais a trabalho, e a vida dele é ver TV, encostar e dormir no sofá. Até me leva junto com uma amiga para o teatro e depois vai buscar, mas não fica.

Aos poucos, Margarida tomou consciência de seu isolamento e percebeu que era urgente preencher significativamente seu cotidiano. A separação conjugal desestabilizara-a emocionalmente e desorganizara a vida estruturada dos tempos de casada.

Margarida: – Eu fui deixando muita coisa, eu não leio muito mais, quase nada eu leio. Deixei de fazer muita coisa que o meu ex-marido me puxava, um pouquinho porque era uma pessoa muito inteligente, e eu tinha mais ânimo. Eu recebia jornal e até isso recentemente eu cortei, minha filha ficou muito brava. Eu viajava bastante com ele, eu parei de ver o que está acontecendo e aprender coisas novas.

Clara, logo ao se aposentar e enquanto não tinha estruturado outra atividade, enfrentava dificuldade em preencher o tempo livre, aí incluído o lazer. O marido estava sempre muito ocupado com o trabalho; a filha era tímida e se ocupava, antes de mais nada, com o estudo; assim sendo, não podia contar com a companhia deles para atividades fora do lar. Apesar disto, foi interessante observar Clara tomando consciência da mudança em seu comportamento, ante os convites do marido para sair, após ter participado do GEM.

> **Clara:** – Meu marido convidava-me para sair e eu sugeria assistir televisão, ficar em casa, e eu conseguia que ele ficasse. Aí, ele chegou na sexta-feira e convidou novamente, e eu disse: "Vamos, estou pronta, vamos embora!".

Em geral, a restrição de atividades de lazer fora de casa serve como um termômetro para as mulheres medirem o quanto reduziram sua inserção e atuação fora do ambiente doméstico. Num primeiro momento, costumam atribuir ao outro (ao companheiro, filhos, pais idosos) ou ao acúmulo de trabalho o fato de não terem mais momentos de lazer ou *hobby* pessoal. No entanto, verifica-se que o lazer sacrificado reflete as dificuldades no relacionamento familiar e a desorganização emocional pelas mudanças ou perdas ocorridas; mas é também sintoma de condição depressiva, que condena ao isolamento, à solidão e ao desinteresse pelo mundo externo. Deste modo, o projeto de vida para a maturidade deve, necessariamente, revalorizar interesses pessoais, que poderão ser explorados mais ampla e criativamente.

Capítulo 3

QUEM SÃO E DO QUE NECESSITAM ESSAS MULHERES?

As mulheres que hoje atingem o meio da vida pertencem a uma geração que muito lutou em defesa dos direitos femininos. Foram educadas para viver uma realidade sociocultural cujos valores eram relativamente estáveis. Na juventude, vivida nas décadas de 1960 e 1970, integraram uma geração que rompeu com convenções e muitas ideias preestabelecidas. O valor, a força e a determinação delas causaram enormes transformações sociais no mundo ocidental, desde então.

Apesar da experiência advinda com a maturidade e dessa história de luta por independência em diferentes campos, essas mulheres adultas, no alvorecer de uma nova etapa em suas vidas, vivem um momento crítico por volta dos 50 anos, muitas vezes se sentindo fragilizadas e despreparadas para enfrentar o desafio de uma nova diferenciação pessoal, com mudanças no modo de ser e viver.

Se há mulheres que experimentam uma renovação criativa, encontrando sempre novos meios de se desenvolverem e contribuírem para o ambiente que as cerca, há aquelas que precisam ser ajudadas a enfrentar as dificuldades pessoais e as modificações deste período crítico, a chegada ao meio da vida. Se em outros períodos da história esta crise era vivida em torno dos trinta anos, e até recentemente por volta dos quarenta, na atualidade o que pude observar entre as mulheres que se apresentam para os GEM, é que o período mais crítico encontra-se ao redor dos cinquenta anos.

Em condição de vulnerabilidade, muitas não conseguem passar por essa fase sem nenhuma conturbação emocional, às vezes em condição depressiva que pode evoluir para um quadro psicopatológico preocupante.

Neste momento de crise, em que a angústia transborda e deixa mulheres maduras em estado de estranhamento e confusão pessoal (como talvez não tenham nunca mais experimentado, desde a adolescência), a interlocução e o acompanhamento psicológico podem ser indispensáveis.

O desenvolvimento de *Grupos de Encontro de Mulheres*, como espaço de reflexão, discussão e troca de experiências entre iguais, tem sido minha tentativa, como psicanalista, de ir ao encontro dessas mulheres neste momento de suas vidas. Escuto suas experiências pessoais e tento apreender suas vivências emocionais, identificando os significados que se revelam no modo como são e como se sentem, neste período de transição e transformação. Esse atendimento em grupo visa favorecer-lhes um ambiente para que se desenvolvam emocionalmente, e se distingue de outros grupos conduzidos com mulheres nessa faixa etária, cujo objetivo maior é a autoajuda ou o suporte educacional.

É através do olhar de uma outra pessoa que o Eu se sente reconhecido desde o início da vida. A partir da experiência interpessoal, o mundo interno é estruturado, e daí surgem os parâmetros para uma existência que tem a si próprio como referência principal. Deste modo, singulariza-se como indivíduo, distinto de qualquer outro. É a relação interpessoal a serviço do desenvolvimento psicoemocional. Assim, os relacionamentos grupais mostram-se ricos por permitir que se compartilhem a ilusão e a realidade psíquica, abrindo espaço para uma troca significativa que dá sentido à vida e faz com que a realidade objetiva possa ser enfrentada com muito maior força.

O compartilhamento de experiências com iguais, frequente demanda de mulheres nessa faixa de idade, é produto da necessidade de que o Outro ajudem-nas a se reconhecerem, descobrirem suas potencialidades e definirem melhor suas identidades. Num momento em que a sensação é de perda e desestabilização, dadas as mudanças que ocorrem ou que elas podem desejar promover, às vezes, em suas vidas.

Libertando-se do forte compromisso de corresponder às expectativas que nortearam, mas também restringiram, a vida até então, a mulher na crise da maturidade tem uma nova oportunidade para retomar-se a si mesma e buscar a satisfação mais completa de impulsos, desejos e necessidades pessoais, desenvolvendo melhores condições para realizar sua identidade e exprimir sua feminilidade.

Processo e consolidação da experiência

Ao acompanhar diversos *Grupos de Encontro de Mulheres*, nestes últimos anos de prática clínica, pude conferir o processo pessoal desencadeado a partir dessa experiência. Neste sentido, as participantes que figuram neste livro são emblemáticas, não apenas da problemática feminina nessa fase, mas também do quanto podem ser inoculadas por essa vivência.

A seguir, encontram-se algumas indicações sobre o saldo da participação, obtidas a partir da entrevista final individual, que foi feita como atendimento complementar, após o trabalho desenvolvido nos encontros em grupo. Com isso, eu buscava oferecer às participantes uma síntese abrangente de sua dinâmica pessoal e dos problemas enfrentados, que pudesse auxiliá-las a continuar se desenvolvendo.

O que elas vieram a realizar a partir disto pôde ser verificado dois meses mais tarde, quando o grupo se reencontrou para seguir a evolução das participantes. Os efeitos e ressonâncias resultantes serão expostos no próximo item, com destaque para o que ocorreu com cada uma delas, a partir da experiência vivida no *Grupo de Encontro de Mulheres*.

Rosa gostou das pessoas que conheceu e achou os assuntos interessantes.

Rosa: – O grupo foi sensibilizador; foi bom poder pensar, rever, mas não se angustiar... Todas desta idade passam por problemas semelhantes, pais envelhecendo, filhos crescidos, aposentadoria, coisas que mexem comigo e com todo mundo. Saber que não se está sozinha foi essencial. Com a família e amigos não se fala de verdade as coisas, é importante mexer com os fantasmas. Um autoconhecimento maior faz com que você tenha um envelhecimento melhor.

Ocupar-se de muitas tarefas cotidianas era uma forma de estar permanentemente envolvida com algo concreto e externo, e de evitar ser tomada pela angústia e depressão. Não foi à toa que a participante que mais chamou sua atenção foi Nair, pois, para Rosa, o comportamento dela não parecia indicar que estava tão vulnerável à depressão, a ponto de afastar-se do grupo nos encontros finais. Enfatizei para Rosa a necessidade de ela iniciar tratamento psicoterapêutico sem duração limitada e de envolver-se em alguma atividade que lhe interessasse, a ser exercida fora do ambiente familiar e doméstico. Ela precisava encontrar um caminho próprio que a reconduzisse à vida e que a ajudasse a superar a prostração e o abatimento associados ao medo de perder os pais, de chegar à aposentadoria e ver mudado o comportamento do marido ao parar de trabalhar.

A experiência no grupo foi positiva para Cristina, pois retomou e reforçou aspectos que já haviam se esboçado há algum tempo, quando fizera quatro anos de psicoterapia de grupo. Sentiu que o grupo a ajudou muito a aceitar o afastamento do filho que se casara. Em contrapartida, observou o reaparecimento do sentimento de rejeição, durante a convivência em grupo.

>**Cristina:** – Quase estourei com medo de me rejeitarem. Em algumas circunstâncias, quando me calei, não contribui nem para mim nem para o grupo. Quando não tive vontade de vir ao grupo, apenas uma única vez, pressenti que algo estaria pegando e aí resolvi enfrentar. Todo mundo aqui acabou tirando proveito, aprendendo coisas, tendo uma nova visão das coisas. Acho que foi legal, bem positivo... Percebi que, como mulher, tenho uma condição melhor do que a média.

Sua experiência anterior com psicoterapia, a separação traumática e o segundo casamento enriqueceram muito as discussões do grupo. Em muitos momentos, Cristina funcionou como elemento liberador, no grupo, falando direta e espontaneamente sobre certos assuntos. Ressaltei a importância de soltar as "amarras de dentro", como ela mesma havia exposto, que são as que impedem e são mais poderosas do que as imposições vindas de fora ou de outras pessoas.

Ela considerou minha coordenação muito boa, ao sintetizar os assuntos discutidos no grupo. Elogiou minha simpatia e abertura, que deixaram as participantes à vontade, sem assumir a postura de estar ali apenas para analisar. Ressaltei a importância de ela não abandonar o exame das dificuldades pessoais que podiam emergir na convivência social, muitas vezes causadas pela forma como administra a própria agressividade. Seus impulsos agressivos poderiam atrapalhar bastante seus relacionamentos mais próximos, sua vida social ou profissional, caso não fossem bem trabalhados.

Margarida disse que aprendeu e cresceu muito com o grupo. Esperara que as pessoas tivessem tido um relacionamento maior fora dos encontros. Sentia falta de conhecer pessoas, e achava que algumas não se colocaram muito abertamente. Mas achou "superválido" o grupo. Chegou a tornar-se amiga de Inês.

A condição de separada fez com que Margarida se sentisse um pouco diferente no grupo. Isso refletia o quanto ela se sentia estranha e afastada de tudo e de todos após a separação, sem iniciativa para estabelecer um contato maior com as pessoas. A separação conjugal havia sido um marco em sua vida, e tudo o que ela vivia no presente estava associado a essa perda, ainda não elaborada. Através do grupo, pôde perceber mais claramente a necessidade de analisar suas dificuldades, se atualizar e investir em si própria. Ela chegou a afirmar: "Eu estou parada no tempo e no espaço".

Ressaltei para Margarida, que ela necessitava traçar logo um novo projeto para sua vida; de outro modo, a saída dos filhos adultos poderia representar uma nova perda, de difícil superação. O grupo representou um primeiro movimento importante em busca da retomada do desenvolvimento pessoal. Por isso, eu lhe indicava a necessidade de dar continuidade ao processo em psicoterapia sem duração limitada. Seria também importante tentar ampliar seus contatos sociais e as oportunidades de trabalho para ter uma vida mais independente e gratificante.

> **Lúcia:** – Eu acho que a hora que você começa a trocar figurinhas e ouvir algumas coisas, baixa a sua ansiedade. Você vê que os seus desejos não são absurdos, que você não vai prejudicar ninguém com os seus movimentos, nem você mesma. Aí você sai daquela armadura em que se meteu e começa a dar um espaço. Eu senti claramente isso... O grupo era o respiro da semana, aquele encontro

em que eu podia falar o que vinha na cabeça, me sentir uma pessoa real, feliz, com perspectivas.

O caráter de Lúcia era batalhador, mas ela cobrava de si e dos demais interesse e envolvimento integrais, de maneira bastante idealista, a ponto de não tolerar facilmente frustrações. Ela precisava rever e fortalecer a articulação entre a realidade circundante e suas necessidades emocionais, e diminuir a distância que dificultava sua integração e adaptação, quando frustrações entravam em cena. A psicoterapia sem duração limitada que começou a fazer poderia ajudá-la a abrir novas possibilidades de desenvolvimento, em vez de ela desgastar-se e insistir em obter o que não era possível em certas circunstâncias.

Após os encontros grupais, Lúcia tirou férias, relacionando seu bem-estar com o fato de ter participado do grupo. Era certo que ela se beneficiara dessa experiência; havia sido uma das mulheres mais ativas e estimulantes para o processo grupal. Chegou a enfatizar a importância que o trabalho realizado no grupo tivera para incentivar e dar coragem para fazer ainda outras mudanças.

Lúcia: – O GEM é o próprio trabalho que eu chamo de inspirado. A gente vai sair daqui mais forte para prevenir, talvez, reações catastróficas em relação a coisas da vida da gente. Este trabalho pode não ter essa proposta de terapia, mas ele já teve um visível efeito terapêutico.

Ana Maria perdia-se na incerteza sobre o que fazer, agora que estava aposentada, perseverando na ideia de não poder predizer quanto tempo tinha pela frente para fazer um plano. Cheguei a lhe dizer que ela desejava saber de antemão para estancar com a vida antes, e não viver a plenitude cada momento. Ela ressaltou que, após a entrevista e os primeiros encontros, percebeu a importância de trabalhar seus problemas pessoais, o que a fez buscar atendimento psicoterapêutico durante o transcorrer do GEM; para isso, tinha se inscrito na Clínica Psicológica da PUC/SP. A vida de Ana Maria estava completamente parada, e ela estava conformada a condições restritas de satisfação pessoal. Eu lhe apontei a necessidade urgente de criar oportunidades de mudança em si e na forma de se relacionar com os outros. Era importante que buscasse maior independência afetiva e abrir-se para oportunidades mais plenas na sua vida, dali para a frente.

Inês veio para receber algo do grupo, mas ofereceu também muito de si. Procurou estabelecer contato social, interessou-se pelas pessoas e pelo bem-estar delas. Sua aparência desabrochou, emergiu sua valorização pessoal e passou a demonstrar estima para consigo mesma.

> **Inês:** – Não é porque estou com 55 que eu não vou fazer mais nada na vida. Tenho que me aceitar do jeito que sou e me gostar assim, saber que sou querida também. Achei muito bom, no grupo, todo mundo à vontade para expor o que sentia, o que queria, o que veio fazer, foi ótimo. Superou minha expectativa, achei melhor do que palestras. Cada um pôde externar o que sente, como vive, há pessoas que têm problemas sérios que não tenho, não esperava que fosse tão profundo, do pessoal se expor assim.

Com seu jeito simples, Inês contribuiu muito para a liberdade e a espontaneidade do grupo. O relato de sua vivência com o câncer de mama e das sequelas da radioterapia sensibilizou bastante todas as participantes. Ela foi espontânea e corajosa, sem expressar pena de si mesma. Sua participação mostrou ao grupo como uma dona de casa encontra prazer e realização em uma vida doméstica e simples, sem ser vazia ou sem significado. Seu interesse em buscar atividades fora de casa poderia ser estruturado de modo a desenvolver mais suas capacidades pessoais, dando um rumo e um objetivo que poderiam gratificá-la. Iniciara, enquanto participava do *GEM*, um curso de Voluntariado, e esse seria um importante caminho para ela.

A participação de Clara foi determinante para que começasse a vencer o isolamento resultante da aposentadoria, e passasse a conviver com outras pessoas em condições semelhantes às suas, abrindo-se para o que acontecia no mundo à sua volta e avaliando as mudanças necessárias.

> **Clara:** – Foi importante saber que todo mundo tem problemas, é classe alta, classe baixa, classe média, não sou anormal. O importante é estar ligada com todo mundo,

estar atualizada, porque senão você vai rodar... Tem de estar alerta e participando, não estou morta, isto ficou forte para mim. Minha vida não está pronta, você está vivendo a cada dia uma nova experiência que enriquece... Muita coisa eu aprendi... Para mim aposentadoria era sinal que acabou. Sempre foi, sempre tive muito medo de me aposentar.

Apontei para Clara a necessidade de vencer a própria timidez e apostar com maior segurança em seus recursos, dando espaço para a curiosidade, para outros interesses e para a experiência acumulada. Somente assim teria chance de definir melhor algum projeto para sua vida dali para a frente. Também era importante reaproximar-se da filha, para que ocorresse alguma mudança no relacionamento entre elas; só assim poderiam vir a se sentir mais livres e próximas, afetivamente. Ela forneceu indicações, durante os encontros do grupo, de que começava a trabalhar suas dificuldades pessoais e que algumas alterações já se manifestavam, o que era bastante promissor.

Clara: – Achei ótimo o fato de você sintetizar, tirar os pontos principais... Ter alguém que puxa... Eu posso lhe garantir, ninguém sai daqui a mesma. Não dá para sair.

No início do GEM, Nair já apresentava um quadro depressivo, mas me pareceu que se beneficiaria participando do grupo, dado o seu grande interesse. Apesar disto, informei-a de que esta participação não poderia substituir a psicoterapia individual nem o tratamento medicamentoso que ela havia iniciado. Próximo ao fim dos encontros de grupo previstos, agravou-se sua crise depressiva, e isso fez com que ela deixasse de ir aos encontros. Apesar disto, sentiu-se ajudada pela conscientização alcançada e pelo modo como foi acolhida.

Na entrevista final individual, Nair relatou suas crises depressivas anteriores e apontou para o fato de que, desta vez, eram mudanças na condição econômica da família que a estavam deixando desanimada e insegura. Há três anos, vinha se sentindo insegura com relação à aposentadoria e o reduzido ganho que o trabalho autônomo garantia ao marido. A vida de Nair resumira-se às tarefas da casa. Sentia muita falta de comunicar-se e de conviver com pessoas de variados tipos, uma das coisas de que mais gostava.

Nair: – No início senti negativo porque eu acordei... mas eu achei que foi tão positivo porque me fez ver o que eu não via... Depois achei que o grupo foi muito positivo porque eu me ergui e tive um pensamento comigo de que eu não posso abrir mão de tudo... Então eu falei muitas coisas em casa, reclamei, questionei e falei que estava sobrecarregada, muito cansada, e só ia fazer o que fosse possível. Depois da queda, percebi como deveria agir, foi muito positivo... o grupo me ajudou e você também, quando apontou que eu estava em solidão, que não tinha me dado conta.

As contribuições de Nair foram muito importantes para o grupo. Seu jeito afetivo e carismático de expor situações e sentimentos servia sempre como um trampolim para que se aprofundassem as discussões. Sua falta foi sentida, a dinâmica do grupo sofreu alterações, e as participantes manifestaram-se muito interessadas em seu estado, quando ela teve de ausentar-se. Na entrevista final, reforcei para ela a importância de dar continuidade aos tratamentos psicoterapêutico e medicamentoso, sem deixar de buscar atividades fora de casa. Seus interesses eram variados e ela podia contribuir para muitas coisas, desde que encontrasse uma forma própria de fazê-lo.

Matilda considerou que a experiência foi muito válida, embora achasse que alguns temas precisavam ser aprofundados. Seus problemas de relacionamento com o marido e a preocupação com o futuro dos filhos adultos absorviam-na bastante. Neste sentido, sabia que precisava de atendimento psicológico específico, mas sentiu que o grupo a auxiliara a redimensionar essas questões, principalmente quando viu o modo corajoso como Inês enfrentou o câncer.

Sugeri a Matilda que observasse o modo como atuava nas situações, a fim de perceber se agia ativamente de acordo com suas ideias. A sensação que tinha de ter esgotado meios e possibilidades impedia-a de ter uma nova visão sobre os problemas antigos, até mesmo para detectar sua contribuição para o *status quo* familiar. A psicoterapia sem duração limitada poderia auxiliá-la nessa conscientização e elaboração.

De modo geral, para Vera participar do grupo foi uma boa experiência, pois reforçou nela algumas percepções; no entanto, considerou que, para ela pessoalmente, não ocorrera revelações muito diferentes do que já tivera antes. Sentiu-se um pouco surpresa com o impacto da idade na aparência das demais, e perguntou:

> **Vera:** – Eu estou desse jeito? Foi um pouco chocante para mim... Ninguém dizia que sentia o problema da idade na carne como eu... Sentiam como falta de trabalho, porque os filhos foram embora, ficaram sozinhas.

A presença de Vera foi importante para o grupo, sua espontaneidade ao abordar determinados temas, como as questões estéticas ligadas ao envelhecimento, a relação homem-mulher e a sexualidade. No entanto, muitas vezes foi para ela difícil ouvir as observações das demais, o que a fez sentir-se, algumas vezes, incompreendida e levou-a a tomar uma distância protetora e a faltar em alguns encontros finais.

Sua depressão subjacente associava-se às perdas que estava enfrentando: da beleza embaçada pelo envelhecimento à vida sem objetivo, na qual não conseguia promover mudanças. Foi-lhe indicado dar continuidade à elaboração de suas dificuldades em uma psicoterapia sem duração limitada, pois os conflitos do passado eram ainda muito presentes e comprometiam bastante a sua vida. Temia o futuro e o envelhecimento; era triste e ameaçador pensar no agravamento das condições atuais, como se tivesse perdido quase todo o sentido que sua vida tivera no passado.

Em correspondência ao balanço pessoal que costuma ocorrer ao atingir o meio da vida, as participantes do *Grupo de Encontro de Mulheres* reviveram temores e ansiedades equivalentes no desenrolar do próprio grupo. Muitas delas, ao chegar por volta da metade dos encontros, começaram a preocupar-se com o pouco tempo de atendimento que restava, o que colocou a necessidade de planejarem as discussões futuras, a fim de desfrutarem ainda mais cada reunião. Essa conscientização é fundamental para que sejam colocadas em curso, sem demora, ações e providências que possam reverter a crise enfrentada nesse período e promover as mudanças necessárias. Direitos e deveres para consigo mesmas, de que as mulheres maduras não podem abrir mão.

Verificando efeitos e ressonâncias

A mulher que entra em crise ao atingir a maturidade pode estar buscando recapturar algum sentido em sua vida, o que pode estar produzindo uma forma de viver muito pouco criativa. Um dos sintomas de uma vida não criativa é o sentimento de que nada tem razão, tudo torna-se fútil, nada mais importa. Muitas vezes, a mulher deve ser ajudada para que sua vida readquira sentido, o que pode estar repercutindo em seu estado de saúde individual, tanto no aspecto físico como também no psicológico e social.

Embora nem todas as participantes do *Grupo de Encontro de Mulheres* apresentem essa condição emocional, são claras as evidências de que vêm à procura de uma experiência que agregue um novo propósito e as ajude a enxergar perspectivas para continuarem a existir, aproveitando as oportunidades oferecidas pela vida ou criadas por elas próprias.

A seguir, mostro os efeitos e as ressonâncias verificados em cada uma das participantes do GEM, por ocasião do reencontro do grupo, ocorrido dois meses após o término dos encontros semanais, sistemáticos.[12]

Ana Maria estava deprimida quando começou a participar do GEM. Ela preenchia com pequenas migalhas de amor ou de chocolate o vazio que sentia. Conformava-se com um relacionamento amoroso parcial e com realizações maternais indiretas, através dos sobrinhos. Tinha muito receio de fazer mal aos outros, por isso recolhia sua agressividade que bem direcionada, poderia abrir-lhe espaços e garantir-lhe o seu lugar. Quando compareceu ao reencontro do grupo, informou que estava iniciando tratamento psicoterapêutico e que havia se mudado para o próprio apartamento, embora ainda em companhia da mãe. Com isto, indicava que o GEM a sensibilizara e auxiliara rumo à conquista de um espaço mais adulto e independente.

---

12. Este reencontro ocorreu no âmbito de minha pesquisa para o Mestrado. As participantes mais uma vez mostraram-se colaboradoras. Nesse reencontro pude conferir os resultados do atendimento psicológico realizado. Nos demais grupos que tenho desenvolvido, nem sempre tem sido possível organizar o reencontro das participantes, mas estou convencida de que os efeitos e ressonâncias são equivalentes.

Clara chegou ao GEM deprimida e com sintomas físicos relevantes, um deles hipertensão, que relacionava com a falta de convívio social e o isolamento em que vivia desde a aposentadoria. Sua participação no grupo fez revigorar seu relacionamento conjugal, pois aprendeu a valorizar a convivência, o relaxamento e o prazer compartilhado. Graças ao interesse demonstrado pela filha em ouvir o relato das discussões grupais, Clara acabou estabelecendo um diálogo mais franco e profundo com a jovem tímida. Com isso, fortaleceu-se a proximidade afetiva entre elas, o que permitiu que pudessem compreender e aceitar melhor uma à outra.

> **Clara:** – Começamos a perceber que nem todo mundo pode ser igual e que se tem de respeitar... porque pode vir devagarzinho e a gente estar com muita pressa de chegar lá.

Clara mudou muito durante os encontros do grupo. Seu desânimo e tristeza deram lugar à alegria e a um entusiasmo visível, o que a tornou mais bonita e descontraída. Conseguiu estabelecer melhor comunicação e intercâmbio com a família, o que a fez se sentir surpresa e muito grata por ter melhorado. Finalizou sua participação no grupo com a certeza de que aprendera muito sobre si e sobre os outros, chegando mesmo a esboçar um projeto de atividades para cumprir depois da aposentadoria, e que incluía cursos e a retomada da vida profissional.

Nair era uma pessoa preocupada em refletir profundamente sobre os sentimentos e as situações de vida. Suas crises depressivas vinham ocorrendo em períodos em que o desânimo, a insegurança e a falta de perspectiva faziam-na se sentir num beco sem saída. A psicoterapia convencional e o acompanhamento médico foram-lhe sugeridos desde a entrevista inicial; Nair achava que o trabalho no GEM poderia complementar seu atendimento, o que acabou determinando sua integração ao grupo.

Apesar de ter-se comprometido a comparecer no reencontro do grupo, Nair não conseguiu fazê-lo e revelou ainda não estar pronta para esse contato, apesar do desejo manifestado de comparecer. Nair declarara para mim, na entrevista final, que algumas modificações em sua vida familiar e doméstica vinham ocorrendo por sua iniciativa, e relacionara isto ao que pudera compreender e discutir no GEM. A retomada profissional, após a participação no grupo, representou o retorno à vida, para Rosa. Para isso, utilizou recursos que estavam esquecidos e imobilizados; o passado de professora e a língua estrangeira que havia aprendido em um momento difícil de sua vida foram colocados a serviço do futuro, no trabalho com jovens que têm a existência pela frente. Ela demonstrou às demais participantes como é possível revitalizar os recursos pessoais, e foi parabenizada por todas pela mudança. Demonstrava, com isto, o vigor que havia dentro de si, e o investimento em sua capacidade de criar e se desenvolver. Foi suspensa sua condenação a uma vida precocemente esvaziada, de envelhecimento prematuro. Em continuidade a essa evolução pessoal, ela passou a considerar que a psicoterapia poderia auxiliá-la na elaboração mais ampla e profunda de suas angústias pessoais.

Margarida apresentou-se animada no reencontro do grupo. Estava ansiosa para contar algo.

Margarida: – Viajei sozinha pela primeira vez na minha vida. Os amigos demoraram a acreditar nessa iniciativa, e minha filha ficou doente apesar de sempre ter me incentivado a fazer isto. Foi de um dia para o outro, não deixei nem endereço, pois eu é que ia ligar. Aproveitei para ver tudo o que tinha direito. Já fui, já viajei e achei ótimo. Já estou querendo ir de novo.

Ela nunca havia viajado sem os filhos, desde a separação. Após o GEM, planejou essa viagem com amigos, e deixou a filha que adoecera no hospital, aos cuidados do irmão. Desta vez, Margarida não havia se encolhido nem tolhido essa oportunidade. O grupo foi seu primeiro movimento significativo em busca da retomada do próprio desenvolvimento. O efeito que havia surtido anunciava todo o potencial de mudança que havia em Margarida, e era preciso não deixar esse processo retroceder. Os recursos pessoais adormecidos eram despertados, e Margarida demonstrava ser possível superar a crise e criar novas oportunidades. E tudo isso poderia ser ampliado se desse continuidade à psicoterapia sem duração limitada.

Lúcia sentiu falta do grupo para conversar coisas que não poderia falar com o marido, pois isto poderia agravar a pressão motivada pelas dificuldades financeiras pelas quais passavam. Apesar de tudo, após sua participação no GEM, decidiu sair de férias e, logo a seguir, pediu demissão do emprego que a angustiava e perturbava. Tinha como objetivo voltar a escrever, desenvolver projetos autônomos mais realizadores, retomar a pós-graduação e, eventualmente, promover palestras para jovens.

> **Lúcia:** – Pessoas que estão inertes, paralisadas, com medo de mudar e sentindo culpa pelo que fazem, porque você sabe que aquilo que vai querer mudar vai interferir na vida de A e B, entram em inércia muito sofrida. Agora eu estou num período de moratória, uma turbulência saudável, estou muitíssimo melhor, inclusive de saúde. Está melhor do que eu previa.

Era visível em Lúcia a sua melhor condição física e emocional. Todas notaram e a cumprimentaram por isto. No reencontro do grupo, enquanto cada uma relatava como fora a condução da própria vida nesse período, Lúcia permaneceu atentamente encorajadora das mudanças que se revelavam, seja em grandes iniciativas ou pequenos detalhes.

> **Lúcia:** – Acho que ninguém, nem mesmo você, previa tanto resultado do trabalho!

A vida simples e o jeito espontâneo de Inês, aliados à sua capacidade de compreender as questões humanas mais importantes e fundamentais, serviram de exemplos para todas. Sua contribuição pessoal foi crescendo ao longo dos encontros do grupo, demonstrando sua capacidade de colocar-se no lugar do outro e trazer sua experiência pessoal. A aceitação e elaboração da doença e suas sequelas deram às demais participantes uma visão positiva da vida e suas perspectivas.

Durante o desenrolar dos encontros, Inês acabou iniciando um novo projeto para sua vida, ao se integrar ao curso de Voluntariado no Hospital do Câncer. Sentia que podia "ajudar como pessoa, me doando". Optou pela tarefa de dar comida na boca dos doentes que não tinham acompanhantes, "para me doar mesmo". Essa foi a maneira que Inês encontrou para continuar sua elaboração sobre o câncer de mama, identificando-se e prestando assistência àqueles que se encontravam em condição que ela experimentara tempos atrás. Essa atividade de Inês dava continuidade à sua elaboração após a intensa experiência emocional com a doença, preenchia sua necessidade de convívio social e imprimia um sentido importante à sua vida como dona de casa e mulher madura.

Em muitos momentos, Cristina liderou as discussões do grupo, principalmente quando o assunto era a relação homem-mulher. Sentia-se em melhores condições do que algumas participantes, até porque passara por experiências distintas e marcantes, desde a infidelidade do marido que a abandonara pela melhor amiga até a luta por construir uma relação diferente no segundo casamento. Por tudo isso, considerava que "as grandes viradas em sua vida" ela já tinha dado, mas achava que sua participação no *GEM* estimulara-a a repensar mudanças mais internas e sutis.

Cristina: – Já dei grandes viradas há um tempo, no entanto gostei muito do que estava ocorrendo no grupo. Senti falta do grupo, foi de grande ajuda em uma porção de coisas.

Matilda concordou comigo quando lhe disse, na entrevista final, que estava precisando imprimir maior iniciativa em sua vida, de modo a solucionar impasses e conflitos antigos. Quando compareceu ao reencontro do grupo, afirmou que o que eu dissera a havia marcado bastante e mudara seu jeito de lidar com os problemas familiares. Incentivou o filho, que estava sem emprego e muito deprimido, a procurar ajuda psicoterapêutica; após muitas recusas, Matilda conseguiu que ele se comprometesse a pensar no assunto, o que era um progresso. Ela se sentiu muito gratificada com essa promessa do filho e com sua própria atitude mais assertiva, que chegava a abrir perspectivas no que se considerava impermeável. Isto a incentivava a tentar o mesmo na relação conjugal e na vida profissional. Era o início de uma mudança de postura perante seus problemas, e indicava o resgate de sua capacidade pessoal em revertê-los ou encaminhar sua solução.

Embora tenha comparecido à entrevista final, Vera faltou ao reencontro do grupo. Sua presença fora importante no grupo, mas ela foi se distanciando e não persistira no objetivo inicial de participar intensamente nas discussões do grupo. Isto fez com que faltasse a alguns encontros. Recomendei-lhe psicoterapia sem duração limitada, pois, em geral, procurava explicações externas para resolver as ocorrências de sua vida e para justificar suas atitudes, sem nunca enfrentar diretamente suas dificuldades pessoais.

De modo geral, as participantes do GEM enfatizaram o ambiente favorável à reflexão, à discussão e à troca de experiências, no qual a relação interpessoal estabelecida promove o desenvolvimento de todas. Perceberam o incentivo para que enfrentassem dificuldades em comum ou pessoais. Mostraram-se mais confiantes e seguras para vencer os obstáculos internos e externos. Passaram a valorizar bem mais a possibilidade de sair do isolamento e vencer a solidão, compartilhando com o grupo aquilo que vivem, sentem e pensam. Puderam, enfim, conferir as mudanças ocorridas em si e nas demais, o que as estimulou a criarem possibilidades em sua vida, antes consideradas inatingíveis.

Minha condução psicológica foi considerada como essencial durante todo o processo, acompanhando-as de perto durante os encontros de grupo e despertando-as para a maior conscientização de suas necessidades emocionais, nas entrevistas individuais. Ao final, a sugestão feita a algumas delas para que se engajassem numa psicoterapia sem duração limitada reforçou o caráter sensibilizador e preventivo do GEM. Esse atendimento psicológico focal e breve promove efeitos terapêuticos que as levam a conferir a própria capacidade de crescer, e imprime uma dinâmica renovada em seu desenvolvimento pessoal.

Capítulo 4

AMPLIANDO E APROFUNDANDO

Neste capítulo, ampliam-se e aprofundam-se algumas ideias e informações expostas ou apenas esboçadas nos capítulos anteriores. Aqui estão reunidos os frutos de leituras e estudos científicos, assim como conceitos teóricos que fundamentaram o trabalho com o *Grupo de Encontro de Mulheres*.

Esse material poderá também orientar estudantes e profissionais de saúde que se interessam e prestam assistência a mulheres que atingem a maturidade e cuja especialidade pode integrar o atendimento multiprofissional a essas participantes.

A Organização Mundial de Saúde define saúde como um estado de completo bem-estar físico, mental e social, e não simplesmente como a ausência de doença ou enfermidade, conforme indica o Manual de Orientação do Climatério publicado em 1995 pela Federação Brasileira das Sociedades de Ginecologia e Obstetrícia.

A Medicina tradicional, no entanto, ainda é muito orientada para os aspectos quantitativos, com ênfase nos fatos fisiológicos, conforme apontou Helman (1994). Os fatores sociais e emocionais só são considerados após exaustiva investigação das causas físicas, pois os sintomas apresentados parecem se tornar mais reais quando explicáveis por mudanças físicas objetivas. O êxito do tratamento, porém, depende não apenas da relação estabelecida entre o profissional e o paciente, mas também de que o atendimento médico seja, algumas vezes, complementado por acompanhamento psicológico, que auxilie na apreensão das demais dimensões da doença.

A conduta médica orientada apenas pela busca da enfermidade termina por desconsiderar o paciente como um todo e os significados implicados nos sintomas. A doença do corpo é também uma forma de linguagem, e a compreensão do significado inconsciente dos transtornos corporais pode muitas vezes ser fundamental para que haja uma mudança no estado do paciente. Se o doente não compreender esta significação, ele não se modificará, conforme ressaltou Chiozza (1987).

Ao pensarmos na saúde da mulher que atinge o meio da vida, o climatério e a menopausa destacam-se como fenômenos naturais da finalização da vida reprodutiva. Embora não constituam enfermidade, o desequilíbrio hormonal feminino daí decorrente provoca distúrbios e sintomas que devem ser avaliados e, algumas vezes, prevenidos ou medicados, sempre com adequação para cada caso. As modificações biopsicossociais que aí concorrem e os significados que cada paciente atribui a seu estado mostram que esse é um período na vida feminina em que as reações são bastante particularizadas. Embora a menopausa seja uma experiência comum a todas as mulheres, o modo como cada mulher a vivencia é bastante individual.

Algo sobre climatério e menopausa

Para melhor situar e definir as ocorrências que são características da vida da mulher madura, reúno, aqui, algumas informações sobre o fim do ciclo reprodutivo feminino, sem, de forma alguma, pretender, dados os limites deste livro, esgotá-las integralmente.

A Federação Brasileira das Sociedades de Ginecologia e Obstetrícia, em seu Manual de Orientação do Climatério (1995), define climatério como a fase da vida da mulher na qual ocorre a transição do período reprodutivo para o não reprodutivo, sendo a menopausa apenas a última menstruação. O elenco de sintomas que se manifestam neste período constitui a síndrome climatérica. Desde o momento em que se inicia o declínio da função ovariana, alguns anos antes da ocorrência da menopausa, até o fim da vida, têm lugar modificações biopsicossociais que ocorrem de maneira insidiosa e de forma variável em cada mulher.

A menopausa ocorre em torno dos 50 anos de idade. A perimenopausa compreende o período entre 12 e 24 meses em torno da última menstruação. O declínio da função ovariana inicia-se cerca de 10 anos antes dessa ocorrência; a partir daí a mulher pode apresentar os sintomas que compõem a síndrome climatérica, conforme destaca Sherwin (1993), em livro sobre a interface entre Psiquiatria, Obstetrícia e Ginecologia.

Cabe lembrar que a ocorrência de sintomas do climatério não é universal para todas as mulheres. Esses sintomas também não são idênticos para todas, embora haja queixas e sintomas característicos, dentre os quais: ondas de calor, suores frios, distúrbios de sono, dores de cabeça, ganho de peso, mãos e pés frios, entorpecimento e sensação de formigamento, dores no seio, constipação, diarreia, ressecamento e esfoliação da pele, dores nas costas e pescoço, dor nas juntas, osteoporose, doença cardiovascular arteriosclerótica, dispareunia[13] e outras queixas relacionadas à atrofia urogenital que ocorre com a baixa hormonal. São comuns, também, estados de fadiga, palpitações, tonturas e pontos de cegueira. As queixas de fundo psicológico mais características incluem: irritação, variações de humor, depressão, humor depressivo, esquecimentos, baixa concentração, excitação, crises de choro, pânico, sensação de sufocamento, preocupações com o corpo, nervosismo e ansiedade. Essa relação das alterações que podem acometer a mulher nessa fase da vida foi sintetizada por Bernstein e Lenhart (1993).

A menopausa é considerada precoce quando ocorre antes dos 40 anos, e tardia se ocorre após os 55 anos. Além dos fatores constitucionais, tem sido apontada, como causadores da antecipação, uma série de fatores, dentre os quais o uso do tabaco e do álcool e a prática de exercícios físicos muito intensos e esgotantes. Por outro lado, a obesidade pode ser uma das causas do retardamento, dada a produção de hormônios através da gordura, as glândulas adrenais tendo participação neste processo. Quando a mulher é submetida a histerectomia, acompanhada ou não da ooforectomia,[14] tem lugar a menopausa cirúrgica. Mesmo com um só dos ovários, continuam sendo produzidos os hormônios sexuais, principalmente o estrógeno.[15] No entanto, quando, por algum motivo, a mulher é privada de ambos os ovários, a terapia de reposição hormonal é obrigatória, para supri-la

---

13. "Dispareunia: coito difícil ou doloroso para a mulher e para o homem. Palavra de origem grega traduzida como 'mal-acasalado'" (Masters & Johnson, 1970).

14. "Ooforectomia: retirada cirúrgica dos ovários, podendo ser uni ou bilateral, se corresponder a um ou aos dois ovários, respectivamente." (Ramos, 1998).

15. "Estrógeno: designação genérica dos hormônios sexuais femininos, responsáveis pelo desenvolvimento dos caracteres secundários" (Ferreira, 1986).

daquilo que o seu organismo deixa de produzir em quantidade suficiente, e para prevenir moléstias e sintomas que daí podem advir.

O acompanhamento médico durante o tratamento é indispensável, para que haja adequação do esquema de reposição hormonal às necessidades individuais e às reações de cada paciente. Até porque o esquema sugerido não pode ser considerado definitivo, nem é aplicável a todas as participantes, indistintamente.

Em entrevista que realizei com a endocrinologista paulista Dra. Léa Lederer Diamant (1999), ela destacou ser importante respeitar a opção da paciente em adotar ou não a TRH, pois, além dos critérios de indicação médica, é importante considerar a expectativa da mulher, por exemplo, sobre desejar ou não continuar menstruando. A partir dessa opção pessoal, o médico deve decidir junto com a paciente sobre o melhor esquema de reposição hormonal, para aquele caso específico.

Nas últimas décadas, tem sido intensa a discussão sobre a ocorrência em homens de algo similar ao climatério, a andropausa. Esta compreende sintomas vasomotores, impotência, letargia, fraqueza, insônia, dentre outros. Alguns chegam a considerar que se trata mais de um fenômeno psicológico do que fisiológico, havendo discussão sobre os efeitos da administração de hormônios sexuais masculinos, terapêutica relativamente recente e ainda experimental. Fundamentalmente, para os homens, não há algo semelhante à cessação da menstruação (menopausa), determinando o encerramento da vida reprodutiva. O envelhecimento progressivo do organismo não faz sucumbir a função testicular, sendo que a espermatogênese[16] e a secreção de testosterona[17] persistem até idade avançada.

A Dra. Léa Lederer Diamant, em sua prática clínica, tem conferido que a diminuição da libido e as mudanças no desempenho sexual têm levado os homens a buscar atendimento médico a partir dos 50 ou 55 anos. Por vezes, procuram também uma nova parceira sexual, pois acreditam que, com uma mulher mais jovem e estimulante, podem melhorar o desempenho e aumentar seu prazer sexual.

---

16. "Espermatogênese: origem e formação dos espermatozoides" (Ferreira, 1986).

17. "Testosterona: hormônio sexual masculino" (Ramos, 1998).

Em sua prática clínica como ginecologista, a Dra. Tânia das Graças Mauadie Santana (1997) constata serem poucas as mulheres climatéricas/menopausadas que apresentam alterações apenas de ordem orgânica, sendo necessário procurar outros fatores determinantes. Em entrevista que realizei com ela, destacou que a depressão que, com alguma frequência, se manifesta nessas participantes estaria muito associada à frustração afetiva, amorosa e sexual, assim como à insatisfação com a vida e com as relações pessoais e profissionais. Está convencida de que as mulheres precisam ser escutadas e ajudadas para aliviar suas dores, pois o afeto tem grande peso na vida das pessoas.

Podemos conferir, mediante essas observações, a importância da relação que se estabelece entre o profissional e a paciente durante a consulta médica, para que se crie um clima adequado à exposição de problemas psicológicos, sexuais e interacionais, que podem estar influenciando a condição clínica da paciente. Quando a relação médico-paciente não permite que isto ocorra, essas participantes são privadas de orientação preventiva ou não são encaminhadas para o tratamento necessário.

As vivências com a menopausa compreendem significados e simbolizações importantes, em que os sintomas e as dificuldades têm significação específica para cada paciente. O atendimento psicológico permite pensar as manifestações que se expressam no corpo, na mente e nas relações pessoais da paciente. As dificuldades emocionais podendo ser conferidas, torna-se possível encontrar soluções para os conflitos enfrentados.

De qualquer forma, é importante que mulheres e profissionais se conscientizem de que, paralelamente à pesquisa para diagnóstico de fatores biofisiológicos, é imprescindível rastrear outros aspectos da vida da paciente, para que melhor se compreenda o que ocorre na condição atual. Os profissionais de saúde devem estar atentos à complexidade deste período da vida feminina, e considerar, além da assistência médica aos transtornos apresentados, o atendimento psicológico, sempre que necessário. Ele é auxiliar na abordagem dos transtornos característicos do climatério e da menopausa, e das mudanças e pesares da meia-idade. Esse atendimento, mesmo que seja apenas uma consulta, pode auxiliar no diagnóstico diferencial, ao especificar o tipo de encaminhamento e a orientação apropriados ao caso, principalmente quando ocorrem novos episódios de perturbação emocional em pacientes com histórico anterior em saúde mental.

Infelizmente, não têm sido usuais nem o acompanhamento psicológico nem a integração de psicoterapeutas na equipe multidisciplinar que presta assistência à mulher climatérica. Benedek (1950), uma das pioneiras na compreensão da fase climatérica feminina, já indicava que os hormônios usualmente aliviam os sintomas vasovegetativos, mas que os conflitos emocionais só se resolvem com psicoterapia adequada, daí porque é importante ter uma boa compreensão da personalidade e do que se passa com a paciente, para que se descubra o problema emocional ao qual a mulher responde.

O olhar da Psicanálise sobre a crise da maturidade

As fases do ciclo vital têm sido abordadas por alguns autores em Psicanálise, principalmente por aqueles que seguem uma corrente que integra aspectos psicológicos e sociais, ampliando a compreensão do indivíduo em sua forma de ser e de se relacionar no mundo.

Como fase crítica do desenvolvimento do adulto, a chegada ao meio da vida é um marco significativo para a noção de si mesmo. A identidade pessoal entra em confronto com antigos conflitos emocionais reatualizados e com novos significados produzidos a partir das vivências características do período.

Algumas fontes de ansiedade e preocupação, durante a segunda metade do ciclo vital, levam os indivíduos a procurar ajuda psicoterapêutica, conforme ressaltou King (1980) em artigo sobre a meia-idade e a velhice. Dentre os motivos apontados, estão: o medo de ver diminuída ou mesmo perder a potência sexual, com impacto nos relacionamentos afetivos e sexuais; a ameaça representada pelo avanço dos mais jovens no terreno profissional, associada ao receio de fracassar profissionalmente; e ansiedade despertada pela perda de identidade, por ocasião da aposentadoria. Ocorreriam ainda ansiedades relativas aos relacionamentos conjugais, que se tornam vulneráveis e cujos problemas são desmascarados com a partida dos filhos. Haveria, ainda, a tomada de consciência sobre o próprio envelhecimento, a possibilidade de adoecer e o risco de depender dos outros. Por fim, há a consciência de que a morte é inevitável, de que nem todos os objetivos pretendidos serão alcançados e de que as limitações enfrentadas podem conduzir à depressão ou a sentimentos de privação.

Jaques (1990), ao descrever a "crise da meia-idade", diz que um dos principais focos da crise é a condição criativa. Na juventude, a criatividade tende a ser intensa e espontânea, com a maior parte do trabalho pessoal ocorrendo inconscientemente. Em contrapartida, na meia-idade, a criatividade é esculpida, demandando um longo processo até chegar ao fim da produção, não sendo menor o trabalho inconsciente que se encontra em jogo. Para um resultado bem-sucedido, seria necessário resignar-se às imperfeições humanas, reelaborar os sentimentos depressivos originados na tenra infância e fazer a integração psicológica dos aspectos positivos e negativos dessa experiência emocional.

Um outro aspecto sobre a "crise da meia-idade" é a questão do envelhecimento. A juventude e a infância estando ligadas a tempos passados, a principal tarefa psicológica torna-se a construção de uma vida madura e independente. Aí residiria um paradoxo, pois, embora na plenitude da existência, ingressaria na cena psicológica a consciência de que a morte é inevitável e real, aspecto central e crucial da "crise da meia-idade", circunscrevendo o futuro disponível para a realização de tudo o que foi desejado. Muita coisa ficaria inacabada ou não seria realizada.

A consciência de que se inicia a última metade da vida pode despertar ansiedades depressivas inconscientes, e se predominarem os impulsos agressivos sobre os amorosos, sem integração possível, poderá ocorrer o transbordamento da destrutividade, contaminando o mundo interno e externo. Neste caso, a "crise da meia-idade" seria vivenciada como período de intensa perturbação emocional e colapso depressivo, empobrecendo a vida emocional e comprometendo a capacidade criativa.

No entanto, sendo possível integrar os impulsos e recuperar os aspectos amorosos e positivos das experiências vivenciadas, o encaminhamento emocional leva ao reconhecimento, tolerância e integração das limitações pessoais, dentre as quais a inevitabilidade da própria morte. O produto da criação é então experimentado como fruto da vida, e o medo de morrer adquire um teor mais construtivo. Contudo, essas condições psicologicamente mais equilibradas e saudáveis não pressuporiam uma passagem fácil pela "crise da meia-idade". Este seria um tempo em que o indivíduo deve se voltar para o passado, examinando-o conscientemente no presente e entrelaçando-o ao futuro concretamente limitado.

Em consonância com essas ideias, Kernberg (1989) mostra que a meia-idade traz consigo algumas tarefas específicas:

- ▶ mudança na perspectiva cronológica: a relação com os pais se atualiza na relação com os filhos jovens e adolescentes, mas os papéis são invertidos. Emergem os afetos ligados às identificações do passado, e são reativadas angústias e culpas edipianas, nos cuidados com os pais idosos;
- ▶ reversão dos ritmos de transformação exterior e interior: agora, são os filhos que crescem rapidamente, enquanto os pais envelhecem rapidamente e desaparecem. A maturidade tem um ritmo diverso, dada a ameaça da estabilidade até no mundo inanimado. Há o luto pela consciência da natureza efêmera da vida humana;
- ▶ limitação da criatividade: há a percepção dos próprios limites do passado e da restrição para as realizações futuras. Outras pessoas provavelmente ultrapassarão essas limitações e colocarão em pauta a questão do amor e do ódio, para consigo e para com os outros;
- ▶ identidade do ego na perspectiva do tempo: o novo conhecimento surgido na meia-idade sobre as próprias limitações consolida a identidade do ego, diferentemente de como ocorria no passado. Aceitar a si mesmo é aspecto importante da maturidade emocional, com reflexos em todos os relacionamentos;
- ▶ ajuste de contas com a agressão exterior: enfrentamento realístico dos ataques comuns ao ambiente adulto, sem explorá-los, sem negá-los, sem submeter-se ou por eles ser

corrompido. Aceitação do fato de que a responsabilidade final é para consigo mesmo;

▸ perda, luto e morte: o enfrentamento da perda dos pais, irmãos, parentes e amigos soma-se às próprias manifestações de envelhecimento, e reforça a consciência de que é possível adoecer e morrer. A aceitação de perdas e fracassos pessoais deve permitir a sensação de que há recursos suficientes para aceitar-se a si mesmo e reconstruir uma vida significativa, tendo por base o narcisismo normal.

▸ conflitos edipianos: nova reativação do Complexo de Édipo, seja pelo crescimento dos filhos, seja pelas experiências concretas na vida social, seja, ainda, pela vivência com os pais enfraquecidos, que rumam para a morte. Esse enfrentamento promove muitas tarefas psicológicas, quando todos os fatores do passado pessoal interagem com as mudanças da meia-idade e com um novo patamar psíquico, elaborado a partir da perda real dos pais e da integração normal e definitiva dos conflitos edipianos na personalidade. A elaboração destes sentimentos ambivalentes renova a superação do Complexo de Édipo, pois surge o desejo e a capacidade de partilhar amorosamente seu passado com a geração mais jovem, dando continuidade e reforçando vínculos e identificações.

Deste modo, fica claro que não basta apenas cuidar do desequilíbrio hormonal feminino na meia-idade, pois se trata, antes de tudo, de uma crise vital. O início do envelhecimento, a emergência de alterações em praticamente todas as áreas de vida e os problemas da realidade externa promovem mudanças que devem ser elaboradas todas ao mesmo tempo. Para essa crise, não há ainda na Medicina medicamento que promova a metabolização e constitua reposição das perdas enfrentadas. Contar com assistência psicológica, neste processo, pode ser indispensável para a saúde da mulher, daí para a frente.

Integrando perspectivas para compreensão da mulher madura

Numa tentativa de compreender de maneira integrada a subjetividade feminina, na fase em que ocorrem o climatério e a menopausa, Gueydan (1991) afirma tratar-se de um período de desequilíbrio hormonal, psíquico e das relações na vida da mulher. Assim sendo, representa foco de interesse específico para a Psicanálise, destacando-se como aspecto a ser considerado pelos psicanalistas ao atender pacientes nessas condições. Algumas décadas atrás, Deutsch (1951), em seu trabalho sobre a Psicologia da Mulher, já enfocava o climatério como uma interdependência dos processos psíquicos e fisiológicos. No entanto, suas ideias concentraram-se na mortificação narcísica aí envolvida, afirmando que diante da menopausa a mulher reagiria, inevitavelmente, com depressão.

Há algumas décadas, em que a maternidade era vista como a principal função na vida das mulheres, a perda da capacidade reprodutiva podia resultar, de maneira mais geral, em reação depressiva. Na atualidade, a maternidade é apenas um dos aspectos da vida de uma porcentagem significativa de mulheres, sendo que, principalmente por meio de atividades de interesse egoico, entre elas a profissão, as mulheres têm possibilidade de elaborar e superar criativamente essa perda. Para Gueydan (1991), a procriação e a criação intelectual são originárias de uma mesma fonte na mente feminina, e, portanto, seria natural que uma se desenvolva e substitua a outra, quando a mulher se enfrenta com a menopausa e o término da capacidade reprodutiva.

Nesta direção, é interessante notar o que escreveu Kehl (1996). Para a autora, o espaço doméstico é, na atualidade, o lugar onde a mulher acha impossível realizar-se plenamente. Quando se dedica às exigências das tarefas domésticas, a mulher sente uma "possibilidade roubada", como se estivesse sacrificando alguma coisa essencial da própria identidade arduamente construída. Deste modo, a sublimação teria de passar pela identificação com a figura paterna, pois a geração das mães como mulheres "do lar" não oferece canais para a sublimação, dada a restrição infeliz, resignada, aos papéis doméstico e materno.

Bemesderfer (1996) ressalta que um fator significativo na reação da mulher à menopausa é a memória que lhe ficou da mãe na meia-idade e da orientação emocional e psicológica dela com relação às funções femininas alteradas. Durante esse processo de retomada e reelaboração, muitas mulheres reconhecem que a menopausa, tal como a menstruação, é uma parte essencial do que significa ser mulher. Assim, a menopausa normal, como também a menarca normal, confirma a identidade feminina primária.

Do ponto de vista psicanalítico, tornar-se mulher é um processo que transcende o sexo biológico, relacionando-se fundamentalmente à construção da feminilidade e à forma de expressão do desejo sexual. Compreende não apenas identificações muito primitivas com a figura feminina materna, objeto de amor primário de todo bebê, como também identificações com a figura masculina. Ao longo dos estágios sucessivos do desenvolvimento mental, mesclam-se elementos que derivam dessa dupla identificação para constituição da identidade sexual.

De acordo com a teoria psicanalítica, a mulher, desde a infância remota, lida emocionalmente com o conflito de não ter pênis, e esse sentimento de falta determina fantasias e angústias básicas. Além do mais, sente-se preterida por não ter sido presenteada pela mãe, como são os meninos ao nascer, com aquele órgão sexual. No entanto, a intensa ligação com a mãe no início da vida e a própria condição feminina conduzem a menina a identificar-se com a mãe e com a capacidade de gerar bebês. Isso norteia a menina em sua identidade sexual e a compensa com a promessa de tornar-se mãe, para o que tem de aguardar até pelo menos a puberdade. Assim, no momento em que, na idade madura, o relógio biológico a priva da capacidade de gerar bebês, são importantes as repercussões emocionais que podem tomar conta da mulher, pois ela sente que se renova aquele sentimento de que é destituída de algo, ainda que não haja planos de novas gestações.

O estudo da sexualidade feminina pela teoria psicanalítica é extenso e de grande complexidade. Por isso, retomo apenas alguns aspectos imprescindíveis para a compreensão do que pode se passar na vida emocional da mulher madura, e que dá margem a fantasias, angústias e temores cujo processamento emocional pode ser difícil e que podem se apresentar também como sintomas que se manifestam no corpo ou em suas relações.

Ao considerar as frustrações internas e externas enfrentadas pela mulher, Benedek (1950) afirma que a patologia que se torna manifesta ou se agrava com o climatério teria ligação direta com a personalidade anterior e com os conflitos vivenciados pela mulher ao longo de sua vida. Segundo a autora, após lidar com a tarefa adaptativa do climatério, a mulher pode planejar uma vida ativa com muita gratificação egoica, atingida por meios sublimatórios e com um saldo positivo adicional, capaz de sustentar a satisfação emocional e ajudar a balancear o fenômeno regressivo que se aproxima, aquele da exaustão das energias vitais, na velhice.

Lax (1982) destacou que as mulheres respondem ao climatério de diferentes maneiras, algumas se dirigindo para uma nova e saudável integração, outras rumando para a patologia. As mulheres que têm um especial investimento narcísico em sua aparência podem sentir como traumático o processo de envelhecimento. O reconhecimento da irreversibilidade do tempo e o surgimento de mudanças em sua imagem fazem com que experimentem um sentimento de perda narcísica, que, em muitos casos, pode levar à inveja e à hostilidade, consciente ou inconsciente, contra mulheres mais jovens. Para algumas mulheres, a perda do controle sobre o que ocorre com o próprio corpo faz reavivar fantasias e tendências regressivas, expondo-as e deixando-as sem defesa frente a alguns sintomas, como ondas de calor e suores. Esses sintomas mortificam-nas e interferem no sentimento de integridade corporal e funcionamento harmonioso, podendo resultar em decréscimo do senso de bem-estar e, às vezes, em estados de pânico transitório.

O esgotamento da função reprodutiva pode ser vivido como uma experiência de morte parcial. Para Ruth Lax, as mulheres que não têm filhos, ao se verem ameaçadas pelo "relógio biológico", ressentem-se muito com o esgotamento da vida procriativa. Por outra parte, haveria também mulheres para quem a experiência de gestar bebês e cuidar das crianças e da casa seriam as mais significantes e frequentemente as únicas tarefas vitais e interesses egoicos, configurando-se para elas como importantes organizadores psíquicos. Com o encolhimento ou o término de suas tarefas e cuidados maternos, essas mulheres poderiam passar por severas crises vitais. As mulheres que exercem uma profissão, e que, portanto, têm interesses egoicos que se somam às ocupações femininas e de maternidade, estariam mais capacitadas a encontrar compensações para os abalos narcísicos resultantes do climatério. Essas gratificações também auxiliariam no processamento do sentimento de inveja evocado pelo crescimento da competência e criatividade da geração mais nova.

A autora acrescenta, ainda, que quando a mulher menopausada encontra-se em relativa boa saúde física e mental, pode utilizar seus recursos pessoais para elaborar a injúria narcísica representada pelo período climatérico, de modo a reconstruir uma vida plena de significados, fazendo uso de todas as oportunidades para um preenchimento pessoal criativo. A superação bem-sucedida dependeria, em larga medida, das capacidades adaptativas da mulher, de suas fontes libidinais e de seus interesses egoicos. A esperada reação depressiva, durante os anos de perimenopausa, deveria ser vista, então, como um afeto específico dessa fase, a indicar que o necessário processo de luto está ocorrendo. A capacidade para conter e tolerar tal depressão é um pré-requisito para a resolução saudável do processo climatérico.

Pines (1995) considera que, para muitas mulheres, a menopausa pode ser uma libertação, como uma oportunidade para que surjam esforços criativos alternativos, representando frequentemente uma nova energia e um novo ímpeto para a socialização e a aprendizagem.

Para Gueydan (1991), a pausa imposta pela ordem biológica é um momento conveniente para repensar e apreender a feminilidade mais do que nunca. Em torno dos 50 anos, tendo-se vivido bastante e passado por uma rememoração, repetição e elaboração, visualiza-se o futuro quando o luto pode ser feito. Essa seria, fundamentalmente, uma nova etapa que se inicia, rica em concretizações em variados campos de interesse, o que deveria ser, cada vez mais, um alvo para a prevenção psicopatológica.

Reconhecendo-nos e diferenciando-nos em grupo

O interesse por compreender a estruturação psíquica do ser humano conduziu a Psicanálise a investigar a relação inicial entre o bebê e sua mãe, dado o papel estruturante no psiquismo infantil, fundando a possibilidade de vida mental.

Foi Winnicott quem, a partir de sua prática clínica inicial no campo da Pediatria, estendida depois à clínica e teoria psicanalíticas, estudou a relação mãe-bebê, valorizando especialmente a participação da figura real da mãe para compor um ambiente favorecedor ao desenvolvimento mental infantil.

Em um de seus livros, Winnicott (1990) ressaltou que o bebê, no princípio da vida, não se percebe como um indivíduo separado, distinto da unidade formada pela relação mãe-bebê. Nessa indiferenciação inicial, o bebê vive a ilusão de ter ele próprio criado o objeto que o atende em suas necessidades. Onipotência infantil necessária para que se estabeleça a própria identidade e raiz do que constituirá futuramente sua criatividade pessoal. Concomitantemente, há a vivência, infantil e primária, do que pode ser entendido como a solidão essencial do ser humano, pois, em condição de indistinção com o que o cerca, o bebê vive tudo o que ocorre como integrando o todo que é ele. Pela vida afora, isto persistiria como a capacidade de a pessoa saudável estar a sós e se fazer cuidar por uma parte de si especialmente destacada para tomar conta do todo.

À medida que o objeto vai sendo percebido em sua existência real, o bebê perde a ilusão de unidade com ele, "desilusão" essa que se encontra a serviço do desenvolvimento, pois acaba por "destruir" o objeto, enquanto possessão do bebê, para dar-lhe a condição de objeto distinto do Self, o não Eu. É desta forma que inicialmente a mãe, e depois todo o ambiente circundante, vai sendo percebido como compondo uma realidade externa a ele próprio.

A imagem do objeto, objetivamente percebido, vai emergindo a partir das frustrações do bebê com as falhas reais do objeto. É por meio de suas falhas, e da agressão do bebê com relação a elas, que o objeto passa a existir como o não Eu do bebê. Processo essencial para a constituição da realidade externa por parte do bebê, que também vai garantir a existência independente do objeto, sobrevivendo externa e internamente a esses ataques.

Ao formular o conceito de "mãe suficientemente boa", Winnicott (1988) procurou ressaltar a importância da figura real da mãe, como pessoa disponível para se relacionar com o filho, identificando, acolhendo e adaptando-se às suas necessidades, e, por fim, ajudando-o a enfrentar temores e angústias cuja elaboração, pelo aparelho psíquico do bebê em início de desenvolvimento, é muito difícil. Além de funcionar como elemento de continência e que se adapta afetiva e ativamente ao bebê, dada a condição de "preocupação materna primária", a mãe deve ter condições de transferir interesse de si para o bebê, pois é assim que ele vai aprender a se interessar e a cuidar de si mesmo. No entanto, a mãe deve ser apenas suficientemente boa, pois é no espaço em que o bebê não é integralmente satisfeito que surge a frustração, o que torna possível a ele começar a pensar por si mesmo e progredir em seu desenvolvimento psíquico. Ao exercer essas funções fundamentais, a mãe se constitui como figura favorecedora do desenvolvimento infantil, compondo um ambiente facilitador para seu bebê.

É na relação inicial entre mãe e criança que terá origem uma dimensão da vida que não pertence nem à realidade interna nem à externa, mas em que ambas se conectam, uma área não completamente subjetiva nem completamente objetiva, que Winnicott (1975) denominou de 'espaço potencial'.

O espaço potencial permite o surgimento do espaço criativo, com o uso de símbolos e com tudo o que vai se somar a uma vida cultural. É uma área do viver humano que não se encontra dentro nem fora do indivíduo, mas na área de transição, no mundo da realidade compartilhada, que tem início nesta relação bipessoal do bebê com sua mãe.

A capacidade do ser humano de compartilhar desenvolve-se a partir do que a figura materna pôde, no início do desenvolvimento infantil, oferecer-lhe como acolhida e continência, qualidades de *holding* descritas por Winnicott (1965), independentemente da qualidade afetiva dos sentimentos do bebê. A mãe deve ser capaz de suportar os ataques naturais do bebê, sem abandoná-lo e sem puni-lo por isto. Não revidando ou rejeitando-o, a mãe desempenha a função materna que, ao ser internalizada no psiquismo infantil, vai auxiliar o bebê a suportar impulsos inicialmente difíceis de serem contidos dentro do próprio Self imaturo.

Desfrutando originalmente do relacionamento com a mãe, integrando ao ambiente que o circunda, a criança vai desenvolver sua habilidade para brincar e fazer amigos. É desta forma que ela se prepara para os futuros relacionamentos grupais, tudo isto estando a serviço da comunicação consigo mesma e com os outros. É no exercício natural da brincadeira, que inicialmente ocorre no espaço potencial da relação mãe-criança, que emerge a possibilidade de compartilhar com outros, pela vida afora.

O grupo representa a reedição da experiência de continência materna, promovendo o sentir-se especialmente acolhido e compreendido. Nesta reprodução da vivência primordial com a figura materna, estruturante do Self infantil e responsável pelo início do processo de individuação, tem lugar então a continuação da possibilidade de ser, existir por si e ser olhado por outrem. Conforme salientou Kaës (1997), a percepção mútua, o investimento recíproco e as representações e identificações comuns vinculam os membros do grupo, de forma especial.

Em sua função de espelho, o grupo revela diferentes aspectos de cada um de seus membros. A possibilidade de identificações múltiplas e a própria imagem refletida no olhar de outros confrontam o indivíduo com representações diferentes de si, ou de partes de si mesmo.

Ao enfocar o que se passa com a mulher que atinge o meio da vida, busco compreender o que constitui sua atualidade, não apenas considerando sua condição biofisiológica, mas também suas vivências emocionais e as relações que mantém com o ambiente. Esse é um dos momentos, no curso da vida, em que ocorre uma nova diferenciação como indivíduo, em busca de oportunidades para o desenvolvimento e o fortalecimento do seu próprio Self. É também período em que a mulher precisa ir ao encontro de seus pares, oportunidade de se sentir reconhecida e diferenciada, para seu alívio e satisfação, nessa vivência de união e cumplicidade que fortalece cada uma e o grupo como um todo.

Grupo de Encontro de Mulheres: balizadores da experiência

Estão aqui reunidas algumas informações sobre o *Grupo de Encontro de Mulheres*, para que os leitores possam acompanhar os critérios que utilizo e como conduzo essa intervenção clínica com mulheres que atingem o meio da vida.

A divulgação deste atendimento clínico tem sido feita por meio de jornais, revistas, anúncios em rádio e cartazes afixados em local de circulação pública. Às vezes, alguns colegas profissionais são informados sobre o período de inscrição para os grupos.

A entrevista individual tem sido a melhor maneira de identificar o interesse e a demanda com relação ao GEM, verificando a adequação de cada participante a um grupo dessa natureza. Nessa entrevista semiestruturada, as mulheres apresentam suas queixas, dificuldades e o interesse que as trouxe.

O critério de idade, compreendido entre 40 e 55 anos, tem como base os dados da literatura sobre o assunto, que aponta ser neste intervalo etário que ocorrem o climatério, a menopausa e a crise da meia-idade. A integração de participantes ao grupo se dá pelas queixas formuladas, após o exame de sua relação com a problemática característica, o que pode levar à integração de participantes que contam com idade distinta da previamente definida:

- na saúde: condições físicas gerais, tratamentos e cuidados correspondentes. Em especial, são pesquisados sinais ou sintomas de climatério e menopausa. É observada a ocorrência de menopausa cirúrgica através da histerectomia, e também eventual ooforectomia;
- na estética: queixa específica ou insatisfação generalizada com relação à aparência física atual, e o modo como vem sendo enfrentado o próprio envelhecimento;
- na sexualidade: manifestação de sinais indicadores de dificuldades sexuais com o parceiro, desinteresse ou alguma outra alteração observada nos últimos tempos;
- no relacionamento amoroso/conjugal: queixas ou sinais de insatisfação pela condição atual, desejo de mudar a ligação existente ou sofrimento por não ter parceiro. Perturbações que ocorrem em função da idade, do tempo de relacionamento ou por mudanças no vínculo existente;
- no relacionamento com filhos: queixas ou dificuldade com o crescimento ou com a autonomia dos filhos, modificação do vínculo, saída de casa, casamento, inserção de parentes por aliança;

- no relacionamento com pais: problemas para enfrentar o envelhecimento, doenças ou a morte dos pais. Dificuldades com as mudanças do vínculo como: exigências de amparo econômico e assistência para a saúde;
- na profissão: dificuldade ou insatisfação profissional, devido ao desejo de mudar a atividade propriamente dita, a natureza do vínculo profissional ou, até mesmo, a profissão em si. Problemas com relação à aposentadoria iminente ou recentemente ocorrida;
- na vida social: insatisfação e dificuldade no relacionamento e convívio, devido a mudanças nos últimos tempos. Desejo de estabelecer vínculos e convivência diferentes dos atuais;
- no lazer: queixas quanto ao espaço e ao tempo dedicado às atividades que lhe dão prazer individual ou em companhia de outros. Aspiração por ocupação que não consegue concretizar.

Há alguns critérios, estabelecidos graças à experiência clínica acumulada com os *Grupos de Encontro de Mulheres*, que são considerados para determinar a integração ou não de algumas interessadas. De modo geral, não são incluídas mulheres com um nível de dificuldades e sintomas que necessitem de atendimento médico, psiquiátrico ou psicoterapêutico imediato e de duração prolongada. Essas participantes devem ser encaminhadas para o pronto atendimento que for necessário.

Mesmo não sendo o ideal, às vezes poderão ser incluídas mulheres que, embora precisando de psicoterapia convencional, podem beneficiar-se do GEM para um atendimento sensibilizador, sendo depois encaminhadas para psicoterapia sem duração limitada.

As mulheres que já contam com atendimento psicoterapêutico convencional, mas que demonstram interesse em participar do GEM, aproveitam essa experiência como uma complementação daquele. Cada caso é específico e assim deve ser considerado.

Como critério geral, não devem fazer parte profissionais que revelem interesse principal em adquirir conhecimentos técnicos, em busca de aprimoramento profissional junto a essa população específica. Também não é aconselhável serem inseridas aquelas interessadas no *Grupo de Encontro de Mulheres* apenas como atividade social ou informativa.

A intervenção clínica *Grupo de Encontro de Mulheres* caracteriza--se pela reflexão, discussão e troca de experiências entre mulheres de mesma faixa etária, tendo como interesse focal as questões femininas relacionadas à chegada ao meio da vida, em seus aspectos biológicos, psicológicos e sociais. Esse atendimento tem fundamentação teórica na teoria psicanalítica, sendo esta a base das intervenções durante todo o processo grupal e na análise dos resultados individuais após a participação. De forma geral, segue os princípios básicos da psicoterapia breve psicanalítica.

O GEM leva em consideração a fase de transição enfrentada e a elaboração do luto pelas perdas e mudanças que ocorrem na vida das mulheres, neste período. As limitações à existência e a consciência das restrições são experimentadas de diversos modos e nas mais diferentes áreas de suas vidas, para o que é necessária uma elaboração pessoal.

Os objetivos do atendimento em grupo são distintos dos da psicoterapia sem duração limitada, e não se pode pretender que sejam semelhantes aos objetivos do tratamento psicanalítico convencional. No entanto, para algumas mulheres, esse pode ser o único atendimento possível ou no momento por elas desejado, se o que valorizam é reunir-se com iguais, refletirem, discutirem e trocarem experiências. Com objetivo preventivo e função terapêutica, o *GEM* é desenvolvido por um período limitado a 12 encontros semanais, com duração de 1 hora e 30 minutos.

As participantes revelam vir à procura da experiência de escuta e busca de sentido visada na intervenção clínica, *Grupo de Encontro de Mulheres*, que tem os seguintes objetivos específicos:

- o reconhecimento compartilhado da realidade interna e externa da mulher que chega ao meio da vida;
- a conscientização e elaboração dos significados associados à meia-idade, marco crítico no balanço de vida pessoal;
- a análise e reflexão sobre as implicações da chegada ao climatério e à menopausa;

- a avaliação, revitalização e reformulação dos investimentos libidinais em si mesma, nas relações interpessoais e em atividades do mundo externo;
- a reorganização interna, que possibilita elaborar um projeto de vida para a maturidade, com utilização criativa e ampla dos recursos pessoais, construindo e revendo significados na própria vida.

Após o encerramento dos encontros grupais, a realização de entrevista final individual tem sido essencial, como forma devolutiva e de finalização do trabalho realizado. Nesta oportunidade, cada participante pode discorrer livremente sobre sua vivência pessoal em todo o processo de atendimento. A seguir, teço considerações sobre sua participação desde a entrevista inicial de triagem, e sobre sua contribuição para o grupo. Desta forma, viso à análise compreensiva do processo vivido pelas participantes, articulando-a com a psicodinâmica individual e com as condições atuais de sua vida pessoal.

Para tanto, a prática clínica como psicanalista tem permitido uma apreensão compreensiva abrangente de cada mulher. Nesta ocasião, discuto, com cada uma, a possibilidade de continuar o processo iniciado pelo GEM, uma forma de passarem a uma nova etapa, individual e personalizada. Esse outro momento pode implicar muitas decisões e providências, e para isso algumas podem ser sensibilizadas para que deem continuidade ao processo, através de tratamento psicoterapêutico sem duração limitada.

O reencontro do grupo, cerca de dois meses após a finalização dos encontros grupais, foi idealizado na época de minha pesquisa para o mestrado em Psicologia Clínica. Foi a oportunidade de verificar como tinha continuado o processo individual, ressonância da experiência vivenciada no *Grupo de Encontro de Mulheres*. Como apontei anteriormente, nem sempre é possível organizar este reencontro, mas tudo indica que os benefícios equivalem àqueles que obtiveram as participantes incluídas neste livro.

PALAVRAS FINAIS, MAS NEM TANTO

Quando – a partir do atendimento clínico de pacientes, da observação de outras mulheres, da realização de palestras e, ainda, da minha própria vivência – comecei a estudar e a aprofundar a compreensão sobre o que ocorre com a mulher ao atingir o meio da vida, eram imprecisos o rumo e a extensão que esse interesse iria alcançar.

Dado o envolvimento com o tema, a sistematização em trabalho acadêmico dos estudos teóricos e da experiência clínica com *Grupo de Encontro de Mulheres*, constituiu uma decisão importante. No entanto, já naquele momento, era para mim muito claro que não desejava que meu trabalho permanecesse restrito ao universo acadêmico. A publicação de um livro dirigido principalmente às mulheres pareceu-me a melhor forma de comunicar o que tive oportunidade de conferir e analisar.

E agora, ao final dessa empreitada, sinto-me realizada como mulher e como profissional. A experiência e o processo deslanchados nestes últimos anos fizeram-me, com certeza, crescer muito. Ao publicar este livro, algo em mim está diferente. E se o resultado deve ser celebrado como uma etapa que se encerra, deve também ser visto como o semeador de novos começos – os quais, espero, possam se dar com o mesmo entusiasmo e satisfação que tive durante essa longa gestação.

O que eu não posso deixar de ressaltar, uma vez mais, é que este relato – atendo-se ao processo vivido por apenas dez mulheres na experiência em *Grupo de Encontro de Mulheres* –, apesar de representativo, não esgota a amplitude e a diversidade das experiências femininas em diferentes meios e em culturas diversas. Em momento algum acreditei ser possível dar conta dessa variedade. Pretendi, sim, relatar a experiência deste grupo de mulheres, singulares em suas vidas e histórias vividas. Estejamos certos, no entanto, de que o que foi conferido não se restringe a elas, apenas, mas ecoa na fronteira que une todas as mulheres com os laços comuns do que vivem nesta fase de suas vidas.

A mulher que atinge o meio da vida necessita ser reconhecida e valorizada por si mesma e pelos que a cercam, por tudo o que construiu em sua vida e por todo o potencial gerador e criador em variados campos de interesse. A liberação de grilhões sociais e psíquicos representa, para a mulher madura, a chance de promover mudanças reveladoras de recursos e inauguradoras de novas formas de ser e viver.

O *Grupo de Encontro de Mulheres*, intervenção clínica focal e de duração limitada, pode prestar um auxílio valioso, ao cumprir o objetivo de prevenir dificuldades que surjam na condição física, psicológica e nos relacionamentos pessoais. Os seus efeitos terapêuticos podem beneficiar um grande número de pacientes, ampliando a faixa de mulheres que, através do *Grupo de Encontro de Mulheres*, tenham acesso a atendimento psicológico. Participantes cuja demanda pessoal talvez não seja a psicoterapia convencional e cujo interesse pode voltar-se para o atendimento em grupo, valorizando especialmente a troca de experiências entre iguais, sem perder de vista a singularidade de cada uma na vivência deste período crítico, na vida feminina. Mesmo aquelas com uma vida dinâmica e satisfatória podem desorganizar-se emocionalmente ao atingir o meio de suas vidas. Daí a importância de pesquisar em profundidade o que vai a colapso no interior de cada uma, ao entrar em crise na maturidade.

O *Grupo de Encontro de Mulheres* pode ser levado a efeito em consultórios médicos, ginecológicos, psicológicos e outros; como também em instituições, hospitais, centros de atendimento comunitários ou outras organizações que congregam mulheres desta faixa etária. Este tipo de acompanhamento psicológico, se for integrado à assistência multiprofissional necessária à saúde feminina neste período, beneficiará muitas mulheres. Pelo meu lado, terei a grande satisfação de ver este meu trabalho frutificando e se desenvolvendo.

O meio da vida é período privilegiado para que a mulher efetue um balanço pessoal do passado, avalie profundamente sua condição presente e abra espaço para o planejamento do futuro. Momento precioso e favorável para grandes decisões e mudanças. Caberá a ela aproveitar esta oportunidade.

Por fim, gostaria de chamar a atenção – especialmente para as mulheres que me acompanharam na leitura deste livro – para a força do ser Sujeito. Uma força que está sempre presente, mas que muitas vezes, ao longo da vida, pode ficar perdida ou esquecida em algum lugar dentro de nós mesmas. O Sujeito não enruga, não desvitaliza, não empobrece, não tem secura. O ser Sujeito permanece e, para ele, é possível sempre, e cada vez mais, ir em busca da satisfação de seus desejos, multiplicar suas experiências e criar novas formas de realização e expressão criativa.

Para encerrar, cito o depoimento de pessoas próximas a duas mulheres que figuram como personagens neste livro. Todas as participantes que aqui foram citadas autorizaram a inclusão de suas falas. Mostraram-se muito felizes por poderem contribuir para o projeto, e se sentiram estimuladas pela possibilidade de, com suas histórias, incentivarem outras pessoas.

Margarida havia me dado o endereço eletrônico da filha, para correspondência. Quando me enviou sua autorização, veio junto um recado de sua filha, me agradecendo profundamente, porque o trabalho no grupo representara o começo da virada na vida de sua mãe.

Outro depoimento veio de modo muito espontâneo do marido de Cristina. Quando me apresentei, em um telefonema, ele foi direto: "E eu não sei quem você é? Claro que sei. Até hoje ela fala no trabalho que fez com você. E eu só tenho que lhe agradecer".

Sou eu quem muito agradece a todas as mulheres que tenho tido a oportunidade de conhecer por meio dos *Grupos de Encontro de Mulheres*.

"*Há muito mais para ser dito, e isso não deve ser motivo de vergonha. Quanto mais olhamos, mais enxergamos*"
(Winnicott, *O brincar e a realidade*, 1975, p. 95).

Bibliografia

BEMESDERFER, S. A revised psychoanalytic view of menopause. *Journal of the American Psychoanalytic Association*, 1996; vol. 44 (suppl.), pp. 351-369.

BENEDEK, T. Climacterium: a developmental phase. *Psychoanal. Q.* 19: 1-27, 1950.

BERNSTEIN, A. E. e LENHART, S. A. *The psychodynamic treatment of women.* s.l. American Psychiatric Press Inc., 1993.

CHIOZZA, L. *Por que adoecemos?; A história que se oculta no corpo.* Campinas, Editora Papirus, 1987.

DEUTSCH, H. *La psicologia de la mujer.* Buenos Aires, Editorial Losada, 1951.

DIAMANT, L. L. *Comunicação pessoal*, 1999.

FEDERAÇÃO BRASILEIRA DAS SOCIEDADES DE GINECOLOGIA E OBSTETRÍCIA. *Climatério – manual de orientação*, 1995

FERNANDES, C. E. Osteoporose. In: Halbe, H. W. *Tratado de Ginecologia.* Vol. 2. São Paulo, Roca, 1994.

FERREIRA, A. B. H. *Novo dicionário da Língua Portuguesa.* 2ª ed., Rio de Janeiro, Editora Nova Fronteira, 1986.

GUEYDAN, M. *Femmes en ménopause; les transformations psychiques d'une étape de vie.* Toulouse, Editions Érès, 1991

HELMAN, C. G. *Cultura, saúde e doença.* 2ª ed., Porto Alegre, Artes Médicas, 1994

JAQUES, E. Morte e crise da meia-idade. In: Spillius, E. B. (org.) *Melanie Klein hoje; desenvolvimentos da teoria e da técnica*, Rio de Janeiro, Imago Editora, 1990., pp. 248-270

KAËS, R. *O grupo e o sujeito do grupo – Elementos para uma teoria psicanalítica do grupo.* São Paulo, Casa do Psicólogo, 1997

KEHL, M. R. *A mínima diferença.* Rio de Janeiro, Imago Editora, 1996

KERNBERG, O. F. (1980) *Mundo interior e realidade exterior.* Rio de Janeiro, Imago Editora, 1989

KING, P. The life cycle as indicated by de nature of the transference in the Psychoanalysis of the middle-aged and elderly. In: *Int. J. Psycho-Anal.* (1980) 61, 153

LAX, R. The expectable depressive climateric reaction. *Bulletin of the Menninger Clinic* 46 (2). The Menninger Foundation, 1982. pp.151-167

MARRACCINI, E. M. *Mulher: significados no meio da vida.* Dissertação de Mestrado em Psicologia Clínica pela PUC/SP, São Paulo, 1999

MASTERS, W. H. e JOHNSON, V. E. *A Incompetência sexual.* Rio de Janeiro, Civilização Brasileira, 1970

——————. *A conduta sexual humana.* Rio de Janeiro, Civilização Brasileira, 1979

PINES, D. *A woman's unconscious use of her body; a psychoanalytical perspective.* London, Virago, 1995. pp. 151-166

RAMOS, D. *Viva a menopausa naturalmente.* São Paulo, Augustus, 1998

SANTANA, T. G. M. *Comunicação pessoal*, 1997

SHERWIN, B. B. Menopause: Myths and Realities. In: Stewart, D. E. e Stotland, N.L. *Psychological Aspects of Women's Health Care; The interface between Psychiatry and Obstetrics and Gynecology.* s.l. American Psychiatric Press Inc., 1993

WINNICOTT, D. W. *The Maturational Processes and the facilitating environment.* London, The Hogath Press, 1965

——————. (1971) *O brincar e a realidade,* Rio de Janeiro, Imago Editora, 1975

——————. (1958) *Textos selecionados: Da pediatria à Psicanálise.* 3ª ed. Rio de Janeiro. Livraria Francisco Alves Ed., 1988

——————. (1988) *Natureza humana,* Rio de Janeiro, Imago Editora, 1990

Impresso por :

gráfica e editora

Tel.:11 2769-9056